DÉCRET DU 19 MAI 1909

PORTANT RÈGLEMENT D'ADMINISTRATION PUBLIQUE

SUR

LA GESTION DES DENIERS DES PUPILLES

DE L'ASSISTANCE PUBLIQUE

EXÉCUTION DE L'ARTICLE 59 DE LA LOI DU 27 JUIN 1904

INSTRUCTIONS

des Ministres de l'Intérieur et des Finances.

MELUN

IMPRIMERIE ADMINISTRATIVE

1909

MINISTÈRE
DE L'INTÉRIEUR

DIRECTION
DE L'ASSISTANCE
ET DE
L'HYGIÈNE PUBLIQUES

2ᵉ BUREAU

SERVICE DES ENFANTS ASSISTÉS

N° 73

RÉPUBLIQUE FRANÇAISE

Paris, le 10 juin 1909.

LE PRÉSIDENT DU CONSEIL,

MINISTRE DE L'INTÉRIEUR,

A MESSIEURS LES PRÉFETS

Le Journal officiel du 26 mai 1909, vous a fait connaître le texte du règlement d'administration publique en date du 19 mai 1909 rendu par application de l'article 59 de la loi du 27 juin 1904 pour déterminer les règles à suivre pour le recouvrement, la manutention et la gestion des deniers pupillaires. L'article 32 de ce décret dispose que le dit règlement recevra son application dans les six mois qui suivront sa publication à une date qui sera déterminée par un arrêté pris de concert entre le Ministre de l'Intérieur et le Ministre des Finances.

Aux termes d'un arrêté en date du 29 mai 1909, pris de concert avec le Ministre des Finances nous avons fixé au 1ᵉʳ août 1909 la date d'application de ce décret (Annexe n° 3).

Afin de vous mettre en mesure de connaître avant cette date les conditions d'exécution de ce règlement et de procéder en temps utile à la remise des services, nous avons cru devoir, mon collègue et moi, vous transmettre dès maintenant des instructions générales destinées à vous expliquer l'organisation et le fonctionnement de ce service important, dont la gestion est confiée d'une part aux préfets et d'autre part aux trésoriers payeurs généraux. J'ai joint à la présente circulaire la copie de l'Instruction du Ministre des Finances, en date du 15 juin 1909. adressée aux trésoriers généraux, dans laquelle le service de l'Inspection pourra puiser d'utiles renseignements.

Le règlement du 19 mai 1909, a été préparé par mon département après étude entre les divers services ministériels de l'Intérieur, des Finances et du Travail, et soumis à une Commission composée des représentants des divers Ministères intéressés. Le texte arrêté par cette Commission a été soumis au Conseil d'État qui l'a adopté avec quelques modifications de détails.

La comptabilité des deniers pupillaires est soumise d'une manière générale aux règles de la comptabilité départementale. Les deniers des pupilles de l'Assistance publique ne peuvent, vous le savez, être considérés à aucun titre comme des deniers publics. Ce sont des deniers privés. C'est pour ce motif que ces deniers ne peuvent figurer dans les opérations budgétaires du département. Mais, comme il s'agit là d'un service départemental, l'article premier du règlement a décidé que la comptabilité des deniers pupillaires sera l'objet de comptes hors budget. Ces comptes seront établis dans les conditions prévues par l'article 207 du décret du 12 juillet 1893, modifié par le décret du 20 janvier 1900 sur la comptabilité départementale.

Ce principe posé le règlement en a tiré les conséquences en étendant à la comptabilité des deniers pupillaires les règles relatives à la séparation des fonctions de l'ordonnateur et du comptable.

L'ordonnateur du service est le préfet tuteur légal des enfants assistés. C'est lui qui prend seul, ou avec l'autorisation du conseil de famille, suivant les distinctions faites par le Code civil ou par la loi spéciale du 27 juin 1904, toutes les décisions relatives à la gestion du patrimoine ou de la fortune des pupilles. Mais il n'est pas responsable personnellement de sa gestion et son patrimoine n'est pas grevé de l'hypothèque légale qui frappe le tuteur de droit commun.

Le comptable est le comptable départemental, à savoir le trésorier payeur général. C'est lui qui a le maniement effectif des deniers, titres et valeurs. C'est lui qui assure le service de la gestion des deniers pupillaires et qui doit accomplir tous les actes conservatoires pour la sûreté des biens dont la garde lui a été confiée. C'est à lui également qu'incombent certaines obligations mises à la charge du tuteur par le Code civil. Ainsi c'est lui qui doit dans le délai fixé par le règlement (art. 6) faire emploi des capitaux qui viennent à échoir au pupille. C'est lui qui doit convertir en titres nominatifs les titres au porteur pour lesquels aucune décision n'a été prise conformément à l'article 5 de la loi du 27 février 1880. C'est lui qui doit prendre ou renouveler les hypothèques garantissant les créances des pupilles (art. 13 du règlement). En principe le trésorier payeur général n'agit qu'en exécution d'une décision du préfet pour toutes les opérations qui ont trait au recouvrement, à la manutention et à l'emploi des deniers pupillaires. Au contraire il agit de sa propre autorité et sous sa responsabilité pour tous les actes qui ont pour objet la conservation des droits des pupilles.

Tel est dans ses traits essentiels le caractère de la réglementation prescrite par le décret du 19 mai 1909. Il y a lieu de prévoir que la publication de ce décret aura pour conséquence de couper court à des pratiques irrégulières qui existaient encore naguère dans certains départements et dans lesquels les agents de l'inspection de l'Assistance publique s'ingéraient dans la manutention des deniers pupillaires. Désormais par suite de la mise en vigueur du décret, toute personne autre que le comptable en titre qui maniera des deniers de cette nature sera considérée comme comptable occulte ; à raison de ce fait elle sera placée dans l'obligation de *rendre compte devant les mêmes juridictions et dans les mêmes formes que le comptable patent, le tout sans préjudice des sanctions disciplinaires et pénales qui pourront lui être appliquées à raison de la violation du dit règlement et de ses devoirs professionnels.*

Les dispositions du règlement du 19 mai 1909 font l'application du principe ci-dessus posé à savoir l'assimilation de la comptabilité des deniers pupillaires à la comptabilité départementale.

Le décret est divisé en 8 titres : le premier pose les principes généraux et donne les définitions essentielles, les trois derniers sont relatifs aux dispositions transitoires, à la situation spéciale des pupilles du département de la Seine et au mode de rémunération des comptables, les quatre autres concernent les différentes opérations de comptabilité, la constatation des droits, le recouvrement des créances, l'emploi des deniers, la reddition des comptes et la dévolution des biens.

TITRE I

DISPOSITIONS GÉNÉRALES

§ 1. — Le règlement ne définit pas les deniers pupillaires mais les indications qu'il fournit dans l'article premier rapprochées des précédents de la jurisprudence antérieure à la loi du 27 juin 1904 permettent de fixer avec une exactitude suffisante le sens et la portée de cette expression. Ces deniers comprennent soit des capitaux, soit des revenus, soit des sommes provenant du travail des pupilles.

§ 2. — *Capitaux.* Tous les capitaux appartenant aux pupilles ne constituent pas des deniers pupillaires, *seuls les capitaux mobiliers rentrent dans cette catégorie*; c'est ainsi que les immeubles appartenant aux pupilles en sont exclus, *les revenus seuls de ces biens, c'est-à-dire les loyers et fermages sont des deniers pupillaires.*

Parmi les capitaux mobiliers figurent en première ligne les sommes trouvées sur les pupilles ou celles versées en leur nom au moment de l'abandon. L'article 5 du règlement détermine le mode de constatation et de conservation de ces capitaux.

Rentrent en outre dans la catégorie des deniers pupillaires au même titre les capitaux mobiliers acquis par les enfants au cours de leur minorité, soit par donation entre vifs, soit par testament.

On doit également comprendre dans cette catégorie certaines sommes qui viennent à des titres divers augmenter le patrimoine des pupilles, dons manuels, gratifications allouées aux enfants, primes de sortie accordées par des écoles professionnelles aux élèves les plus méritants, primes décernées à l'occasion de l'obtention du certificat d'études, récompenses en argent allouées par des établissements de crédit pour participation des pupilles aux tirages financiers, etc., etc.

Il convient enfin de classer parmi les capitaux mobiliers les sommes versées aux pupilles à titre d'indemnité à raison du préjudice causé soit à leurs parents, soit à eux-mêmes par application des articles 1382 et suivants du Code civil.

D'après l'article 15 de la loi du 27 juin 1904 combinée avec l'article 5 de la loi du 27 février 1880, les capitaux des pupilles ne peuvent être placés qu'en titres nominatifs. Il en résulte que si le pupille a recueilli dans la succession de ses parents des titres et valeurs au porteur dont le conseil de famille a autorisé la conservation en nature il conviendra de procéder à la conversion de ces titres en valeurs nominatives. L'article 5 du règlement contient une application de ce principe en prescrivant que les titres possédés par les pupilles lors de leur entrée dans le service doivent être obligatoirement transférés en valeurs nominatives.

§ 3. — *Revenus et arrérages.* Les revenus des biens immeubles ou meubles appartenant à des pupilles âgés de plus de 18 ans constituent des deniers pupillaires.

Rentrent dans cette catégorie notamment :

1° Les loyers et fermages des immeubles urbains ou ruraux appartenant aux pupilles ;

2° Les intérêts et dividendes des obligations et actions nominatives des compagnies de finances, de commerce et d'industrie dépendant du patrimoine des enfants, et les intérêts des obligations des départements, des villes et autres établissements publics ;

3° Les arrérages des rentes constituées sur l'État et les particuliers appartenant en propre aux majeurs de 18 ans soit qu'ils aient recueilli ces rentes dans la succession de leurs auteurs ou qu'ils les aient acquises par voie de donation ou de succession soit enfin qu'elles aient été acquises au cours de la tutelle au moyen de la conversion en rentes nominatives sur l'État des reliquats de leur livret de caisse d'épargne dépassant le maximum légal, ou même de prélèvements effectués sur les dits livrets pour achats de rentes nominatives de cette nature ;

4° Les arrérages des pensions civiles et militaires dont la réversion a été effectuée à leur profit, à la suite du décès des titulaires ;

5° Les arrérages des pensions constituées en faveur des victimes d'accidents de travail en vertu de la loi du 9 avril 1898 complétée ou modifiée par les lois des 30 juin 1899, 22 mars 1902, 31 mars 1905, 12 avril 1906 et 18 juillet 1907.

Toutefois une distinction doit être faite selon que l'enfant, un orphelin par exemple, profite d'une pension payée à raison de la mort de son auteur ou que la pension lui est versée en compensation d'un accident lui ayant causé à lui-même une incapacité partielle ou totale de travail. Dans ce dernier cas, la totalité de la pension ne figure pas au compte des deniers pupillaires: il doit être fait déduction des sommes nécessaires à l'entretien du pupille, l'excédent seul, qui devra être placé à la caisse d'épargne doit être considéré comme denier pupillaire.

Vous avez remarqué que dans l'énumération que je viens de faire, je n'ai visé que les pupilles âgés de plus de 18 ans, c'est que les revenus des capitaux et arrérages appartenant aux mineurs de 18 ans, ne sont pas des deniers pupillaires; en effet aux termes de l'article 16 de la loi du 27 juin 1904 les revenus des biens et capitaux appartenant au pupille à l'exception de ceux provenant du travail et de ses économies, sont jusqu'à cet âge perçus au profit du département, à titre d'indemnité des frais d'entretien.

Toutefois le préfet peut, sur l'avis du conseil de famille, au moment de la reddition des comptes, c'est-à-dire à l'expiration de la tutelle mais pas avant cette date, faire toute remise qu'il jugera équitable. Dans ce cas, le département devra verser à l'ex-pupille le montant de la remise accordée.

§ 4. — *Produits du travail.* Les sommes provenant du travail des pupilles même âgés de moins de 18 ans *ne sont pas toutes considérées comme des deniers pupillaires;* seules ont droit à cette qualification *la partie des gages et des économies faites sur les gages, susceptible d'être placée à la caisse d'épargne.* L'article 8 du règlement établit à cet égard des distinctions sur lesquelles je reviendrai plus loin.

Les explications qui précèdent vous permettront de reconnaître facilement ce qui constitue un denier pupillaire au sens du règlement. La Commission interministérielle qui a préparé le projet soumis au Conseil d'État avait assimilé aux deniers pupillaires les titres, valeurs et bijoux trouvés sur les pupilles ou remis en leur nom au moment de l'abandon et ceux qui leur adviennent au cours de leur minorité.

Le Conseil d'État n'a pas partagé entièrement cette manière de voir. Aux termes de l'article 2 du règlement il a confié au trésorier payeur général la garde de ces titres, valeurs et bijoux et il doit joindre à son compte annuel un état descriptif de ces valeurs.

Le mode de comptabilité de ces titres, valeurs et bijoux est décrit dans la circulaire du 10 août 1898 et surtout dans la circulaire de M. le Ministre des Finances ci-annexée (voy. §§ 2 et 15).

C'est le conseil de famille qui détermine les bijoux et objets précieux qui doivent être conservés en nature (art. 452 du Code civil). Il est assez rare que les enfants assistés possèdent des biens de ce genre; toutes les fois qu'il se trouvera dans la succession à laquelle un enfant du service sera appelé des objets mobiliers qui n'ont pas pour ce dernier un caractère de souvenir familial, il devra être fait application de la règle générale inscrite à l'article 452 du Code civil, d'après laquelle le tuteur doit faire vendre aux enchères tous les meubles et effets mobiliers compris dans la succession.

§ 5. — Les diverses opérations relatives à la gestion des deniers pupillaires feront dans les écritures du comptable départemental, l'objet de divers comptes hors budget dont le nombre est fixé par l'instruction du Ministre des Finances du 15 juin 1909 ci-annexée (voy. § 23).

Les opérations afférentes à la constatation des recettes et à la liquidation des dépenses figureront dans les écritures du préfet, chargé en vertu de l'article 4 du règlement de ces diverses opérations.

Il appartient au préfet tuteur de faire connaître au comptable départemental, tous les faits qui sont de nature à augmenter le patrimoine des pupilles. A cet égard, des distinctions sont nécessaires.

Dans le cas prévu par l'article 5 du décret, c'est-à-dire lorsqu'il aura été trouvé sur le pupille déposé au bureau d'abandon, des valeurs ou des sommes d'argent, sur le vu de l'expédition du procès-verbal dressé au moment de l'abandon en exécution de l'article 5 (voy. modèle série Int. n° 1), le trésorier général effectuera le placement à la caisse d'épargne dans les 15 jours qui suivront l'entrée de l'enfant dans le service (voy. *infra* § 7).

Dans les autres cas, c'est-à-dire lorsque les enfants entreront dans le service sans aucune fortune, le trésorier payeur général devra les pourvoir d'un livret dans les quinze jours qui suivront la première recette effectuée pour leur compte, quels que soient les événements qui auront eu pour conséquence de les mettre en possession de quelque avoir: donation, succession etc., et, au plus tard, dès que placés à condition, ils auront acquis les premières sommes qui leur reviennent sur leurs gages.

§ 6. — Les livres à tenir par l'inspection en vue de suivre le recouvrement des produits, et les opérations de dépenses à effectuer sur le compte des deniers pupillaires sont les suivants:

1° Le sommier de l'actif des pupilles du département;

2° Le livre de comptes par nature de recettes;

3° Le livre des comptes individuels des pupilles du département.

Le sommier de l'actif des pupilles du département (modèle série Finances n° 11), est destiné à recevoir dans des colonnes distinctes les éléments dont se compose l'avoir mobilier et immobilier des pupilles quelle que soit l'origine et la nature de cet actif; qu'il provienne des revenus et arrérages de son patrimoine propre, ou des produits de son travail.

Tous les pupilles du département ne figureront pas dans ce registre; les enfants n'y seront inscrits qu'au fur et à mesure que le service aura constaté à leur profit un élément d'actif. C'est ainsi que le plus grand nombre des pupilles mineurs de 13 ans, n'y figureront pas, ce n'est que par exception et dans le cas assez rare où l'un d'eux se trouverait en possession, soit de sommes recueillies sur lui au moment de l'abandon, soit de ressources provenant de succession ou de donation, qu'il devra être inscrit sur ce registre.

A l'inverse, les majeurs de 13 ans y figureront en totalité, ce n'est que par exception, et notamment dans l'hypothèse où à raison d'une incapacité physique, provenant de maladies ou d'infirmités les empêchant d'être placés à gages, qu'ils n'y seront pas inscrits.

Comme ce livre doit être également tenu dans les trésoreries générales, j'ai décidé d'accord avec mon collègue, M. le Ministre des Finances, que le format de ce registre, serait choisi de telle sorte (double carré haut. 0,55 — larg. 0,85) que tous les renseignements concernant chaque pupille seraient inscrits sur une page unique du livre ouvert, verso et recto. Un répertoire alphabétique des noms des pupilles avec l'indication de la page correspondante placé à la fin du registre, permettra, de retrouver facilement le folio qui contiendra les renseignements afférents à chaque enfant.

Le registre dont il vient d'être parlé ne se confond pas avec le registre de tutelle n° 3, annexé à la circulaire du 13 octobre 1861; ce dernier livre continuera à être tenu, jusqu'à ce qu'il ait été procédé à la refonte de la circulaire du 13 octobre 1861, pour la mettre d'accord avec les lois des 27 et 28 juin 1904. Le registre de tutelle renferme en effet des renseignements plus complets que ceux du nouveau registre introduit uniquement en vue de la compabilité des deniers pupillaires. Toutefois, on ne fera désormais plus figurer dans le registre de tutelle aucune indication relative à l'actif des pupilles afin d'éviter un double emploi qui augmenterait inutilement la tenue des écritures.

Le second registre (modèle série Int. n° 2) comprend le sommier des droits constatés au profit des pupilles de l'Assistance publique du département. Sur ce livre sont inscrits dans des colonnes distinctes le numéro d'ordre d'inscription, la nature et la date du titre établissant la créance, l'objet de la créance, la désignation du débiteur, la date du titre de perception, le montant de la recette à effectuer, la date du recouvrement intégral, ou s'il y a lieu la date et la quotité des recouvrements successifs, et enfin les observations auxquelles la réalisation de l'actif aura donné lieu. Il sera tenu un registre de cette forme par année, relatant les recouvrements opérés du 1er janvier au 31 décembre.

A la fin de chaque année, et dans les premiers jours du mois de janvier de l'année suivante, le préfet établira à l'aide du sommier et des situations trimestrielles qui lui ont été fournies par le trésorier payeur général la situation (modèle série Int. n° 3) des recouvrements effectués au compte des deniers pupillaires. Cette situation vérifiée par le trésorier payeur général et certifiée sincère et véritable par le préfet, sera transmise au Ministère de l'Intérieur.

Elle sera communiquée au conseil de famille des enfants assistés du département, et à la commission de contrôle instituée par l'article 33 de la loi du 27 juin 1904. Elle figurera en outre dans le rapport annuel que le service de l'inspection de l'Assistance publique doit produire au conseil général.

Le livre des comptes individuels des pupilles du département, (modèle série Finances n° 12) tenu en exécution de l'article 12 du règlement, rapproché du sommier de l'actif (modèle série Fin. n° 11) a pour objet de faire connaître à un moment donné, la situation de l'actif net de chacun des pupilles du service. Il comprend dans des colonnes distinctes le montant des titres de recettes et de recouvrements, l'emploi des recettes, les opérations de gestion de la fortune des pupilles, les dépenses de gestion et d'exploitation, enfin l'actif net du compte individuel dont il doit être envoyé chaque année un extrait à chaque pupille (voy. *infra* § 17).

Ce registre sera le même dans le service des trésoreries et dans celui de l'inspection. Il aura le même format que le sommier de l'actif, décrit ci-dessus. Un répertoire alphabétique sera également annexé à ce registre pour permettre la recherche rapide du folio afférent à chaque pupille.

§ 7. — L'article 5 du règlement complète heureusement les dispositions insérées dans les articles 8 et 9 de la loi du 27 juin 1904. Il arrive assez fréquemment que quand des enfants sont apportés au bureau d'abandon, on trouve sur eux des titres, sommes ou valeurs qui peuvent être assez importants. En présence de cet état de choses la Commission interministérielle dont l'opinion a été partagée par le Conseil d'État, a jugé qu'il y avait lieu de prescrire la rédaction d'un procès-verbal destiné à constater l'état de la fortune de l'enfant à son entrée dans le service. Ce procès-verbal dont le modèle est annexé à la présente instruction (modèle série Int. n° 1), est dressé par la préposée au bureau d'abandon, contradictoirement avec la personne qui a déposé l'enfant, il relate la description des sommes, titres et valeurs trouvés sur l'enfant ou remis par le dépositaire au nom de celui-ci.

Une expédition de ce procès-verbal est transmise par le préfet au trésorier payeur général qui prend les mesures nécessaires pour l'inscription dans sa comptabilité des sommes et valeurs et le placement des sommes qui y figurent à la caisse d'épargne au nom du pupille. Le récolement contenu dans cet inventaire remplace dans ce cas pour les enfants assistés, l'inventaire prescrit à l'ouverture de la tutelle des enfants de famille par l'article 451 du Code civil.

§ 8. — L'article 6 du règlement est un des plus importants, il est relatif aux demandes de livrets de caisse d'épargne au nom des mineurs. Il s'applique d'une manière générale à toutes les hypothèses dans lesquelles un enfant assisté se trouve en possession d'une somme d'argent quelconque qui lui advient au cours de sa minorité.

D'après l'article 15 § 4 de la loi du 27 juin 1904 modifié par la loi du 18 décembre 1906, les fonds du pupille peuvent être placés aux caisses d'épargne ordinaires aussi bien qu'à la caisse nationale d'épargne et qu'en rentes sur l'État. En conséquence, le préfet tuteur a le choix entre l'un ou l'autre de ces modes de placement.

Le trésorier payeur général a l'obligation de placer à la caisse d'épargne, dans les quinze jours qui suivent la constatation de la recette et la liquidation effectuée par le préfet, les sommes qui lui sont transmises, ou qu'il a recouvrées. Il appartient dès lors au tuteur de notifier au comptable départemental tous les faits qui sont de nature à augmenter le patrimoine des pupilles.

Dans le cas prévu par l'article 5 du règlement, c'est-à-dire, lorsqu'il aura été trouvé sur le pupille déposé au bureau d'abandon, des sommes d'argent ou des valeurs, sur le vu de l'expédition du procès-verbal dressé au moment de l'abandon (voy. modèle Int. n° 1), le trésorier payeur général effectuera le placement dans les quinze jours qui suivront l'entrée de l'enfant dans le service.

Dans le cas normal, c'est-à-dire lorsque les enfants entrent dans le service sans aucune fortune le règlement renferme sur les demandes de livrets un certain nombre de règles spéciales qu'il convient de mettre en relief.

Les demandes de livrets au profit des pupilles des départements autres que la Seine, seront signées par le trésorier payeur général; dans le département de la Seine par le receveur de l'Assistance publique à Paris ou par ses correspondants dans les agences de province, à savoir les trésoriers payeurs généraux (voy. *infra* titre VII, Règles spéciales au département de la Seine, page 29). Elles indiqueront que le titulaire du livret est placé sous la tutelle de l'Assistance publique. En aucun cas le pupille ne sera admis à se faire ouvrir un livret sans le concours de son tuteur. Il ne pourra non plus bénéficier des dispositions de l'article 16 de la loi du 20 juillet 1895, c'est-à-dire retirer seul, à partir de 16 ans, les sommes inscrites sur son livret.

Dans le cas où le pupille posséderait à son entrée dans le service ou postérieurement à son immatriculation des biens propres dont les revenus seraient soumis à l'usufruit du département par application de l'article 16 de la loi du 27 juin 1904, pour que les fonds provenant de ces revenus ne soient pas confondus sur un même livret avec les sommes provenant du travail et des économies du pupille, il sera ouvert, à la caisse d'épargne au nom de ce pupille, un second livret portant avec la mention *bis* le même numéro d'immatriculation que le premier, mais sous la réserve que le total des deux livrets n'excédera jamais le maximum légal de 1.500 francs. Le livret soumis à l'usufruit du département portera *toujours* la mention « bis » alors même qu'au moment où il sera demandé, ce pupille ne serait pas encore titulaire d'un autre livret.

Pour les autres conditions d'ouverture de ces livrets d'épargne il n'est apporté aucune modification à la jurisprudence adoptée antérieurement d'accord avec la caisse nationale d'épargne et le Ministère du Travail en ce qui concerne les caisses d'épargne privées. Les caisses d'épargne ne doivent pas exiger pour l'ouverture de livrets au nom des enfants assistés, des indications sur le lieu de naissance et la filiation qui sont réclamés à l'appui de tout premier versement en vertu des § 3 et suivants de l'instruction du 4 juin 1857; il suffira désormais de produire en ce cas un certificat d'origine delivré par l'inspecteur de l'Assistance publique et relatant seulement les nom, prénoms et date de naissance du pupille. (Loi du 27 juin 1904. art. 36 § 3.)

Le pupille est titulaire du livret, mais en vertu du principe posé par l'article 2 du règlement, ce titre doit rester sous la garde du trésorier payeur général, et celui-ci ne peut s'en dessaisir que dans les cas et suivant les formalités prescrites par le règlement, c'est-à-dire en règle générale après l'expiration de la tutelle légale exercée par le préfet et après la reddition du compte de tutelle.

L'article 24 du décret indique la procédure à suivre dans l'hypothèse où le pupille a disparu ; ce cas sera examiné plus loin.

TITRE II

CONSTATATION DES DROITS DES PUPILLES

§ 9. — Le trésorier payeur général devra recevoir de la préfecture une expédition en forme de tous les actes concernant les revenus dont la perception lui est confiée.

Les actes dont il s'agit constituent les titres en vertu desquels le comptable départemental devra opérer la perception ; le règlement n'a pas cru devoir en donner une énumération complète, mais il est facile de suppléer à son silence en se reportant aux articles 67 et 72 du règlement sur la comptabilité départementale des 12 juillet 1893, 20 janvier 1900.

Les actes sont des titres de propriété, des baux, des contrats, des jugements, etc... Parmi ces titres figurent en première ligne à raison de leur nombre et de leur importance les contrats passés par le préfet pour le placement à gages des pupilles âgés de plus de 13 ans.

Une discussion s'est élevée au sein de la Commission sur le point de savoir si la préfecture devait remettre au comptable les originaux eux-mêmes. Il a été admis que ces derniers devaient rester entre les mains de l'administration chargée d'en assurer la garde (voy. art. 31 du décret), on a pensé que des expéditions en forme suffisaient au trésorier payeur général pour lui permettre d'exercer les attributions qui lui sont conférées par la loi.

§ 10. — L'article 8 du règlement est un des plus importants, il a pour objet de déterminer la forme et la contexture du contrat de placement à gages des pupilles. Ces gages constituent la principale ressource des enfants assistés ; pour le plus grand nombre des pupilles de l'Assistance publique la presque totalité des sommes à inscrire au compte des deniers pupillaires proviennent de cette source unique.

L'article 32 de la loi du 27 juin 1904 a prescrit la rédaction d'un contrat par écrit. Sous l'empire des lois anciennes, cette obligation avait été maintes fois rappelée aux services d'assistance mais ces recommandations étaient souvent dans la pratique restées sans effet, par suite des usages contraires qui se sont établis dans certaines contrées en matière de louage de services.

Désormais, quels que soient les usages des lieux, la disposition de la loi organique et celle du règlement devront recevoir une application générale.

L'article 8 du règlement n'a pas déterminé le type de ce contrat de placement et s'est borné à fixer un certain nombre de clauses essentielles qui devront figurer nécessairement dans les conventions passées entre le tuteur et les patrons. Il a sans doute estimé qu'à raison de la diversité des habitudes locales en matière de contrat de louage de services, il convenait de laisser à l'initiative du tuteur et du patron la faculté d'introduire dans les conventions qu'ils doivent rédiger toutes les clauses usitées dans les diverses localités qui ne seront pas incompatibles avec la loi et le règlement, et conserver ainsi la parité qui doit exister autant que possible entre les enfants de famille et les enfants assistés.

C'est pour obéir à cette pensée des rédacteurs du règlement que dans la préparation du modèle de contrat de placement annexé à la présente instruction (modèle série Int. n° 4.) j'ai eu soin de diviser les clauses de la convention en deux parties, les unes dites *conditions générales* qui sont celles qui doivent figurer dans tous les contrats de placement et qui sont imposées soit par le droit commun tel qu'il résulte des articles 1780 et suivants du Code civil, soit par les dispositions spéciales de la loi du 27 juin 1904 et du règlement d'administration publique du 19 mai 1909.

Les autres dites *conditions particulières* peuvent varier suivant les contrées et sont laissées à la libre appréciation des parties contractantes, pourvu toutefois qu'elles ne soient pas en opposition avec les obligations contenues dans les textes spéciaux à la matière.

Les conditions générales se réfèrent soit à la forme soit aux clauses de la convention.

§ 11. — *Nom, prénoms, qualités, professions et domicile des contractants.* Le contrat doit être préparé, dit l'article 8 du règlement, par l'inspecteur et passé par le préfet. Dans le modèle n° 4 annexé à la présente instruction et dans lequel j'ai inséré toutes les conditions générales qui doivent figurer dans la convention, j'ai tenu compte des exigences du règlement. Le préfet doit toujours figurer dans les contrats ; mais si dans le département l'inspecteur a reçu la délégation de tutelle, l'inspecteur figurera dans le contrat comme délégué du préfet, et il devra mettre sa signature au bas du traité à côté de celle du patron. Dans l'hypothèse où l'inspecteur n'a pas été investi de la délégation le préfet devra seul signer les contrats et en cas d'absence, la signature sera apposée par le fonctionnaire qui le remplace dans la plénitude de ses attributions.

§ 12. — *Durée du contrat.* L'indication d'un terme pour la durée de la convention n'a pas seulement pour but de satisfaire aux obligations imposées par l'article 1780 du Code civil, elle a en cette matière une importance particulière, ce terme ne pourra sous aucun prétexte dépasser une année. En effet, comme chaque année le pupille grandit en force et que son habileté professionnelle se développe au fur et à mesure de son avancement en âge il importe qu'à la fin de chaque période annuelle, le tuteur et le patron établissent un nouvel accord sur les gages qui doivent évidemment subir une augmentation progressive.

§ 13. — *Montant des gages.* Sur ce point l'article 8 du règlement dont le modèle n° 4 ci-annexé n'est que la mise en œuvre, prescrit de déterminer dans le contrat de placement la décomposition des éléments constitutifs du gage, à savoir :

1° la somme affectée en tout ou en partie à la vêture de l'enfant ;

2° une somme forfaitaire destinée aux menues dépenses et à l'argent de poche ;

3° une somme minimum à verser au compte des deniers pupillaires.

Le patron doit pourvoir au logement, à la nourriture et aux autres dépenses accessoires de l'enfant assisté, il ne peut prélever sur le salaire du pupille que les dépenses d'habillement et l'argent de poche ; le surplus constitue un denier pupillaire qui doit être placé à la caisse d'épargne.

La pratique a démontré qu'il était dangereux de laisser indéterminée la somme affectée à la vêture de l'enfant. Dans certains cas, les enfants ne touchent aucune partie de leur salaire ou il ne leur en revient qu'une portion insignifiante ; tout ou presque tout est censé passer en frais d'habillement. Il a paru indispensable de fixer préalablement une somme déterminée à affecter à cet usage ; cette somme ne peut être qu'un maximum ; la portion non employée doit être considérée comme devant s'ajouter aux deniers pupillaires et elle doit être comprise dans l'état de recouvrement à transmettre au trésorier payeur général. Le chiffre fixé au numéro 3 de l'article 8 indiquera au comptable départemental la somme minimum qu'il devra verser à la caisse d'épargne au compte du pupille ; sa responsabilité toutefois ne sera directement engagée en ce qui concerne le recouvrement de cette somme, que quand il aura reçu le titre de perception régulièrement établi. Quant aux économies faites sur la vêture, le trésorier payeur général n'en connaîtra le montant qu'après avoir reçu l'état de recouvrement, c'est au préfet qu'il appartiendra de veiller à l'emploi de la somme fixée par le numéro 1 du paragraphe 2.

A l'inverse des sommes fixées par les numéros 1 et 3 du paragraphe 2 qui sont des maxima et des minima, la somme à laquelle se rapporte le numéro 2 a un caractère forfaitaire ; elle est remise intégralement à l'enfant aux époques déterminées à titre d'argent de poche, et celui-ci l'emploie à sa guise. C'est par l'usage qu'il en fera que le tuteur pourra apprécier ses qualités d'ordre et de prévoyance. Les économies qu'il pourra réaliser sur la partie qui lui est allouée à ce titre sur ses gages pourront être placées à la caisse d'épargne, elles ne le seront pas obligatoirement.

Les sommes versées aux mutualités ou à la caisse nationale des retraites pour la vieillesse devront être prélevées par l'enfant sur l'argent affecté à ses menues dépenses mais non retenues d'office par l'administration ; la mutualité obligatoire n'est plus de la mutualité. D'ailleurs, la loi du 27 juin 1904 ne permet pas l'emploi à cet usage des deniers pupillaires. Si pour les enfants au-dessous de 13 ans, qui ne sont pas encore placés en condition, des versements sont faits en exécution de l'article 46 § 5 de la loi organique à des sociétés de secours mutuels, c'est que la situation n'est pas la même ; en effet, les cotisations sont payées au moyen de fonds départementaux, et non à l'aide de deniers appartenant aux pupilles. Toutefois, lorsque des libéralités ont été faites aux pupilles en vue d'augmenter leurs livrets de retraites il va de soi que les fonds devront être employés conformément au désir exprimé par les donateurs ou les testateurs.

Le règlement prévoit le cas où par suite d'une négligence du service il n'a pas été procédé dans le contrat de placement à la répartition des gages prescrite dans l'article 8 du règlement. Il ne faut pas que l'enfant ait à souffrir de cette violation de la loi ; dans ce cas, un arrêté préfectoral divisera le salaire en trois parts et déterminera l'affectation respective de chacune de ces parts. L'arrêté sera notifié au patron, et cette notification aura pour effet de préciser ses obligations en cas de besoin. Une semblable notification sera faite au trésorier payeur général pour compléter le contrat qui lui a été remis, et dont l'insuffisance a été constatée.

§ 14. — *Forme des contrats.* — *Compétence.* Les contrats de placements sont dressés sous la forme d'actes sous seings privés, et ils doivent êtres revêtus de la signature des contractants, c'est-à-dire du préfet ou de son délégué, l'inspecteur tuteur, et du patron. Ils sont

soumis à toutes les règles édictées par les articles 1322 et suivants
du Code civil. En conséquence, ils doivent, par application de l'article
1325 de ce code être rédigés en double original, dont l'un sera conservé
par l'administration et l'autre remis au patron. Une copie conforme de
ce contrat sera immédiatement transmise au trésorier payeur général
par les soins de la préfecture.

Les contrats de placement bien que passés avec la participation
des représentants de l'autorité publique n'en conservent pas moins le
caractère de conventions de droit commun; dès lors, toutes les difficultés
qui peuvent s'élever au sujet de l'interprétation de ces contrats sont
de la compétence des tribunaux de l'ordre judiciaire. A cet égard, il
conviendra de se référer à la loi du 9 juillet 1905 dont l'article 5 est
ainsi libellé : « Les juges de paix connaissent également sans appel
jusqu'à la valeur de 500 francs et à charge d'appel à quelque valeur
« que la demande puisse s'élever : 1° des contestations relatives aux
« engagements respectifs des gages de travail au jour, au mois et à
« l'année et de ceux qui les emploient, des maîtres ou patrons et de
« leurs ouvriers ou apprentis, sans néanmoins qu'il soit dérogé aux
« lois et règlements relatifs à la juridiction commerciale, soit à celle
« des prudhommes. soit au contrat d'apprentissage. ni aux lois sur les
« accidents de travail. »
Il résulte de cette disposition qu'en principe le juge de paix est
compétent pour statuer sur toutes les difficultés qui peuvent s'élever au
sujet de l'exécution des contrats de placement ; cette règle ne subit
exception que dans le cas où l'enfant est placé en apprentissage, dans
le commerce, ou dans l'industrie ; dans cette hypothèse, il conviendra
de se reporter à l'article 19 de la loi du 22 février 1851, qui attribue
compétence au conseil de prudhommes. La loi du 27 mars 1907 a
également confirmé la réserve établie par la disposition précitée de la
loi du 9 juillet 1905. L'article premier de cette loi dispose en effet que
les conseils de prudhommes statuent sur les différends qui peuvent
s'élever à l'occasion du contrat de louage d'ouvrage dans le commerce
et l'industrie, entre les patrons ou leurs représentants et les employés,
ouvriers et apprentis de l'un et de l'autre sexe qu'ils emploient. Au surplus
il n'y aura lieu de faire appel à cette compétence spéciale que dans
des cas très rares, puisque ce n'est que tout à fait exceptionnellement
que les pupilles de l'Assistance publique sont placés en qualité d'apprentis chez des patrons exerçant des professions industrielles ou
commerciales.
Enfin, j'ai à peine besoin de vous rappeler qu'en vertu de la disposition générale incrite dans l'article 54 de la loi du 27 juin 1904 les
actes sous seings privés constatant les contrats de placement ne sont
pas soumis au timbre de dimension, et dans le cas où ils doivent être
enregistrés, la formalité doit être remplie gratuitement.

§ 15. — Les articles 9 et 10 du règlement déterminent la procédure à
suivre pour le recouvrement des deniers appartenant aux pupilles de
l'Assistance publique. A cet égard, les textes établissent une distinction
suivant que le recouvrement porte sur les sommes provenant du prélèvement sur les gages des pupilles ou sur les recettes provenant d'une
tout autre origine.
Pour les recettes de cette dernière catégorie l'article 9 enjoint au
préfet de dresser un titre de perception et de le transmettre au
trésorier payeur général en y joignant, si elle n'a pas été fournie,
une expédition certifiée conforme des actes en vertu desquels sont

constatés les droits de l'enfant. Les modèles de ce titre concertés avec le Ministre des Finances sont annexés à la présente circulaire. Le modèle n° 6 concerne les sommes à recouvrer et provenant soit du produit des biens immobiliers et mobiliers comprenant le patrimoine du pupille, soit des sommes et objets précieux trouvés sur lui ; le modèle n° 8 concerne les sommes à recouvrer provenant du produit de l'aliénation des biens de l'enfant dans les conditions prévues par le règlement.

Pour les recettes provenant du salaire des pupilles, l'article 10 du règlement enjoint au préfet de dresser dans les cinq premiers jours de chaque mois, un état de liquidation des sommes dues aux enfants à titre de rémunération du travail et qui étaient payables au cours du mois précédent. Cet état (modèle série Intérieur n° 6) rendu exécutoire par la signature du préfet, est transmis au trésorier payeur général pour servir de titre de recettes.

Vous avez remarqué la différence qui existe entre les deux modes de recouvrement institués par l'article 9 et par l'article 10. Cette différence provient de la nouvelle rédaction de l'article 15 paragraphe 2 de la loi du 27 juin 1904 qui a établi une distinction entre les états dressés en vue du recouvrement des recettes à provenir de la rémunération du travail des pupilles, telles que gages, primes, gratifications, participation aux bénéfices, etc..., et celles provenant d'une tout autre origine. Les états de la première catégorie sont à la fois des titres de recettes et des titres exécutoires, ceux de la seconde ne constituent que des titres de recettes ; la procédure sommaire de l'article 15 paragraphe 2 ne leur est pas applicable.

§ 16. — Le règlement prescrit que la liquidation des produits des salaires sera faite tous les mois et dans les cinq premiers jours. On n'a pas voulu que ces états à dresser fussent trop nombreux à la même date ; d'autre part, il est de l'intérêt de l'enfant que les sommes provenant de ses gages soient placées le plus tôt possible. Dans certains pays, les gages sont payés une fois par an, à l'expiration du contrat ; dans d'autres à la fin de chaque semestre ou de chaque trimestre. Le pupille fait ainsi l'avance de son travail. Il importe que les gages qui ne sont qu'exigibles aux périodes ainsi espacées ne restent pas plusieurs mois sans rapporter d'intérêts. L'état de liquidation doit les comprendre dans le mois qui suit leur exigibilité.

L'état exécutoire qui constitue les patrons débiteurs des salaires, ne peut être émis que par le préfet ou par le fonctionnaire qui le remplace dans la plénitude de ses attributions ; il s'agit en effet d'un acte de recouvrement de recettes comprises dans un service hors budget départemental ; il en résulte que même dans le cas où l'inspecteur de l'Assistance publique serait investi de la délégation de la tutelle, il n'est pas qualifié pour signer l'état exécutoire, et que le directeur de l'Assistance publique à Paris, qui partage avec le préfet de la Seine les attributions de tutelle confiée aux préfets des départements serait sans droit pour émettre, au lieu et place du préfet, des états exécutoires (voyez *infra*, titre VII, page 31).

L'état exécutoire a pour effet de constituer le patron débiteur au regard du département des sommes dues aux pupilles. Il en résulte que le patron, s'il veut faire tomber la force qui résulte de l'état qui lui a été notifié doit faire opposition devant le tribunal compétent à l'effet de discuter avec son créancier, la validité et l'étendue de la dette qui a été mise à sa charge. Par l'effet de la procédure de l'état exécutoire, il y a interversion des rôles. le patron qui dans la procédure ordinaire serait défendeur, se trouve par l'effet de l'état demandeur à l'opposition ; mais cette mutation de rôles ne produit aucune conséquence en ce qui concerne les règles de la compétence. L'opposition faite par le débiteur à l'état exécutoire devra être portée suivant le cas devant le juge de paix, ou devant le conseil de prudhommes ou devant le tribunal civil suivant les distinctions qui ont été exposées plus haut, et qui résultent de la nature de l'obligation qui a donné lieu à la créance comprise dans l'état exécutoire.

L'article 11 se rattache comme les deux précédents à la procédure du recouvrement des deniers pupillaires. Il exige que les patrons soient prévenus dans un délai de dix jours à partir de la transmission du titre au trésorier payeur général (modèle Int. n° 10) ci-annexé. Cet avis individuel sera transmis aux intéressés par les soins de l'inspection.

On avait demandé que cet avis ne fût adressé qu'après l'expiration du délai de dix jours, afin d'éviter qu'il parvînt au débiteur avant la réception des extraits du titre par les percepteurs. Le Conseil d'État a rejeté cette proposition, il n'y a pas en effet d'inconvénient à ce que le patron soit avisé avant le percepteur ; le patron peut se présenter à toute époque à la caisse du comptable pour faire un versement à valoir sur la créance de son pupille, il n'a pas besoin d'attendre l'émission du titre, à plus forte raison d'attendre que le percepteur ait reçu la notification de l'extrait du titre émis. Au surplus l'article 14 du règlement prévoit les paiements anticipés qui constituent pour les patrons une faculté des plus appréciables.

§ 17. — L'article 12 du règlement impose au préfet et au trésorier payeur général la tenue de registres, dans lesquels il est ouvert respectivement au nom de chaque pupille un compte particulier en recettes et en dépenses. J'ai déjà parlé de ces registres à propos des écritures du service (Voy. *supra* § 6). Le modèle de ce compte est annexé à la circulaire du Ministre des Finances (modèle série Finances n° 12).

La Commission interministérielle n'avait imposé cette obligation qu'au préfet, mais après discussion elle l'a étendue au trésorier payeur général, de façon que les sommes qui y figurent, soient relevés à la fois dans le compte administratif et dans le compte de gestion.

Un relevé du compte tenu à la préfecture sera remis annuellement au pupille par les soins du préfet. Cette remise présente un véritable intérêt : d'une part *au point de vue de l'enfant* elle présentera l'avantage de mettre le pupille au courant des modifications que subit son avoir, il pourra suivre le sort des sommes qu'il économise, et il se trouvera ainsi incité à l'épargne ; d'autre part le pupille ne manquera pas de communiquer cet état à son patron, et alors tombera ce préjugé encore vivace dans certaines localités que les gains des pupilles sont accaparés par l'État pour servir à le dédommager des dépenses que lui cause l'entretien des enfants assistés. Le modèle n° 9 (série Int.) indique les renseignements que devra contenir le relevé qui sera adressé une fois par an. dans les premiers jours de janvier à chaque pupille.

Au point de vue de la bonne administration la tenue de ces comptes ne sera pas dénuée d'intérêt ; elle permettra au service de connaître à un moment déterminé de la tutelle, quel est le montant de l'avoir de chacun de ses pupilles ; mais c'est surtout au moment de l'expiration de la tutelle, c'est-à-dire à l'époque où le tuteur devra rendre son compte au mineur devenu majeur ; il suffira de consulter le compte pour déterminer les éléments de recettes et de dépenses qui doivent entrer dans le compte de tutelle, et fixer le chiffre du reliquat à verser à l'ancien pupille.

TITRE III

RECOUVREMENT DES CRÉANCES PUPILLAIRES

§ 18. — L'article 13 du règlement reproduit dans son premier alinéa les dispositions insérées dans l'article premier de l'arrêté consulaire du 19 vendémiaire an XII, relatif «aux poursuites à exercer par les receveurs des communes et des hôpitaux pour la recette et la perception de ces établissements».

Il résulte des dispositions de cet article, rapprochées de l'article 13, paragraphe premier de la loi du 27 juin 1904, tel qu'il a été rédigé par la loi modificative du 18 décembre 1906, que le trésorier payeur général ne possède aucun pouvoir de décision propre sur les biens mobiliers ou immobiliers des pupilles, la gestion de ces biens rentrant exclusivement dans les pouvoirs de l'ordonnateur-tuteur, mais qu'il a l'obligation d'accomplir tous les actes conservatoires qui peuvent être utiles pour la sûreté des valeurs dont il a la garde; il doit notamment prendre ou renouveler les hypothèques, il doit même, au vu du titre exécutoire qui lui a été remis, exercer les poursuites nécessaires pour faire rentrer les sommes dues aux pupilles à titre de rémunération du travail.

§ 19. — Le paragraphe 2 de l'article 13 du décret vise une des hypothèses où le comptable ne pourra agir que sur l'ordre du préfet; c'est dans le cas où il y a lieu d'exercer des poursuites contre un débiteur d'un pupille à raison d'une créance autre que celle qui dérive des gages. Le trésorier payeur général doit avant de commencer les poursuites en référer au préfet qui consulte au préalable le conseil de famille pour examiner s'il y a lieu de surseoir ou de renoncer à la poursuite. Ainsi, le comptable a l'obligation d'exercer les poursuites nécessaires et il engagerait sa responsabilité s'il négligeait de faire les diligences à ce sujet. Mais le conseil de famille saisi par le préfet, peut estimer qu'il n'y a pas lieu d'intenter actuellement les poursuites, notamment dans le cas où à raison du peu d'importance de la créance ou de l'insolvabilité du débiteur, l'instance n'aboutirait en réalité qu'à des frais inutiles.

§ 20. — L'article 14 du règlement dont il a déjà été question (voy. *supra* p. 15) a été introduit en vue de donner aux patrons toutes facilités pour s'acquitter du paiement des gages des pupilles. Il leur permet de payer par anticipation leur dette pupillaire, avant que l'extrait du titre leur ait été notifié au moyen du bulletin individuel, soit au bureau du percepteur de la réunion, soit même sans déplacement, le jour où le percepteur passe dans la commune pour effectuer sa recette.

Le trésorier payeur général averti par son subordonné de la recette opérée en avise le préfet, qui émet immédiatement un titre de perception pour justifier la recette. La somme ainsi encaissée par anticipation est déduite de l'état liquidatif des sommes dues aux pupilles pour le mois suivant dressé par application de l'article 10 du règlement (voy. *supra* p. 15) et le préfet porte sur le dit état une mention constatant la libération anticipée du patron.

Dans le cas où par exception la somme versée par le patron dépasserait la dette réelle, telle qu'elle a été liquidée dans l'état mensuel, le préfet autoriserait le remboursement de l'excédent.

Les mêmes règles s'appliqueront aux versements effectués volontairement par les pupilles: les percepteurs recevront les sommes qui leur seront offertes sauf à régulariser ultérieurement la situation par la confection d'un titre de recettes.

§ 21. — D'après l'article 15 du règlement, dans les dix premiers jours des mois d'avril, de juillet et d'octobre, le trésorier payeur général fournit au préfet un état des créances restées à recouvrer sur les *gages des pupilles* (voy. mod. série Finance n° 14).

Il ne saurait être remplacé par une situation sommaire indiquant le montant des titres de perception, les recouvrements et les restes à recouvrer. En effet, deux intérêts sont en jeu dans la question, ceux de l'administration des finances et ceux du service des enfants assistés. Il est très important dans l'intérêt des enfants de savoir le nom des patrons qui n'acquittent pas les gages pupillaires. Au cours de la discussion de cet article au sein de la Commission on avait demandé que par analogie avec la solution adoptée par l'article 10 l'état des restes à recouvrer fût fourni tous les mois; on avait fait valoir à l'appui de cette opinion, le grave inconvénient qui résulterait du fait que le service ne serait informé que tardivement du nom des patrons qui ne payaient pas les gages pupillaires; on a répondu que les percepteurs auxquels le patron n'avait pas payé les gages sujets à recouvrement ne manqueraient pas d'avertir immédiatement le trésorier payeur *général* et que dès lors l'objection ne se poserait pas dans la pratique à raison de ce fait que le comptable départemental aviserait l'ordonnateur afin de dégager sa responsabilité. C'est ce qui explique que le règlement n'exige la production de ces états qu'à des périodes relativement éloignées à savoir le 1er avril, le 1er juillet et le 1er octobre.

Lorsque le comptable départemental adressera ces états à la préfecture, celle-ci sera déjà fixée par des notifications individuelles, sur les refus de paiement opposés par les patrons débiteurs.

§ 22. — L'article 16 du décret est relatif à la clôture des opérations effectuées au cours de l'année. Le compte des deniers pupillaires faisant partie des comptes hors budget du département est comme ces comptes tenu par année et non par exercice, il n'y a pas en cette matière d'exercice clos, les titres du quatrième trimestre qui n'ont pas été exécutés dans l'année de leur émission, sont reportés à l'année suivante si le recouvrement des sommes qui y figurent n'a été effectué qu'après le 31 décembre. Dès lors, c'est à cette date que doivent être arrêtées les écritures relatives à la comptabilité des deniers pupillaires.

En conséquence avant le 31 janvier de chaque année le comptable départemental dresse un état des restes à recouvrer comprenant :

1° Les créances relatives au travail des enfants ;

2° Les autres créances pupillaires ;

3° Les restes à recouvrer de la gestion précédente.

Cet état dont le modèle est annexé à l'instruction du Ministre des Finances (voyez modèle n° 15) indique dans une colonne spéciale les circonstances qui ont empêché la rentrée des reliquats.

En ce qui concerne la partie des deniers pupillaires afférente au produit des gages et salaires des enfants, l'état de fin d'année reproduira en les totalisant les états exécutoires qui ont été transmis à la trésorerie, la différence entre les produits recouvrés et les produits à recouvrer indiquera le reliquat que le trésorier payeur général devra provisoirement maintenir dans ses prises en charge.

Cet état des restes devra être soumis par le préfet au conseil de famille dans le courant du mois d'avril. En raison de la difficulté de réunir le conseil de famille dans toute la France à une date uniforme, on a laissé au président de cette assemblée la latitude de la convoquer pendant le mois d'avril, à une époque qui coïncide avec la première session ordinaire du conseil général.

Le conseil de famille après avoir pris connaissance des observations présentées par le comptable et des motifs pour lesquels le recouvrement des créances n'a pu être effectué, statue sur l'admission en non-valeur des créances présentées comme irrécouvrables.

En d'autres termes, le conseil de famille apure en fin d'année le compte des deniers pupillaires.

Il doit à cet égard prendre sur chacune des créances qui sont soumises à son examen l'une ou l'autre des trois solutions ci-après :

1° Ordonner le report de la créance à l'année suivante;

2° Admettre en non-valeur les créances véritablement irrécouvrables;

3ᶜ Décider que la créance devra être soldée des deniers personnels du trésorier payeur général.

Un arrêté préfectoral pris au vu de la délibération du conseil de famille fixera suivant les catégories envisagées, les mesures de comptabilité nécessaires pour faire revivre ou annuler les créances dont il s'agit, cet arrêté sera rédigé suivant la forme prévue par l'article 75 du décret du 12 juillet 1893. — 20 janvier 1900.

TITRE IV

EMPLOI DES DENIERS PUPILLAIRES

§ 23. — Ce titre ne renferme pas la description de toutes les opérations relatives à l'emploi des deniers pupillaires, il doit être complété par d'autres dispositions du présent règlement qui ont déjà été examinées en détail, et surtout par les instructions générales du 28 mars 1892 sur le service de la caisse nationale d'épargne, et celle du 20 décembre 1895 sur les caisses d'épargne ordinaires.

Ces opérations sont les suivantes :

§ 24. — *Versement aux caisses d'épargne des gages et salaires des pupilles.* Cette opération a été étudiée plus haut, à propos des demandes de livrets nouveaux à l'origine ou au cours de la tutelle (voy. *supra* p. 9).

§ 25. — *Inscription sur les livrets des pupilles des intérêts échus des capitaux portés aux dits livrets.* Cette opération est prévue à l'article 17 du règlement, elle s'effectue tous les ans dans le courant du mois de mars. Le trésorier payeur général devra déposer les livrets aux caisses d'épargne pour que le calcul des intérêts puisse y être effectué. D'après les usages des caisses d'épargne *c'est au début de chaque année* que l'inscription des intérêts doit avoir lieu; à raison du nombre des livrets des pupilles de l'Assistance publique, *on a cru devoir reculer la date ordinaire et la placer au mois de mars.*

L'inscription terminée, les livrets sont remis au trésorier payeur général, qui inscrit au compte prévu à l'article 12 du décret, le montant de la recette dont le livret s'est accru. De son coté, le préfet prend note dans ses écritures et au compte qu'il doit également tenir de la situation nouvelle résultant du chiffre porté au livret.

§ 26. — *Remboursements et retraits de sommes inscrites aux livrets de caisse d'épargne.* Les articles 18 et 20 du règlement ne prévoient que deux hypothèses de retraits, celles que visent l'article 15, paragraphe 5 de la loi du 27 juin 1904, et l'article 15 paragraphe 6 de la même loi, mais les solutions que fournissent le règlement sont d'une application plus générale.

Les remboursements et retraits ne seront effectués pendant toute la durée de la gestion pupillaire que sur la demande et en l'acquit soit du trésorier payeur général, soit du receveur de l'Assistance publique de Paris. A l'appui de la demande de remboursement devra être annexée une copie de l'arrêté préfectoral autorisant le retrait et visant, suivant le cas, les articles de la loi du 27 juin 1904 qui prévoient le retrait, à savoir :

1° Retrait au profit des pupilles (loi du. 27 juin 1904, art. 15 § 5, règlement art. 18);

2° Retrait jusqu'à due concurrence d'une somme à verser au compte du pupille à la caisse des retraites pour la vieillesse (loi du 27 juin 1904, art. 15 § 6, règlement art. 20);

3° Perception au profit du département des revenus des biens et capitaux appartenant aux pupilles (loi du 27 juin 1904, art. 16 § 1);

4° Versement au profit du département des biens laissés par les pupilles décédés au cours de leur minorité, sans héritiers, ni légataires (loi du 27 juin 1904, art. 41) ;

5° Versement à la caisse des dépôts des valeurs appartenant aux pupilles disparus (règlement art. 24);

Dans tous ces cas le remboursement ou le retrait ne pourra avoir lieu qu'en vertu d'un arrêté du préfet (voyez modèle série Int. n° 16.) Ce modèle sera utilisé à la fois pour les remboursements partiels et les remboursements totaux. En regard des livrets à rembourser intégralement le préfet ne devra inscrire aucune somme dans la colonne 11, mais il portera seulement la mention « intégral » dans la colonne des observations. En effet, le montant du remboursement intégral est formé de l'avoir du livret tel qu'il figurerait à la colonne 6, 8, 9 ou 10 et du montant des intérêts capitalisés afférents à l'année courante, que seul, le service détenteur du compte courant est à même de connaître. Aussi convient-il de réserver à ce service le soin d'inscrire dans la colonne 11 le total de ces deux éléments.

En ce qui concerne l'hypothèse prévue par l'article 15 paragraphe 5 de la loi du 27 juin 1904, pour le retrait au profit du mineur de tout ou partie des sommes inscrites à son livret, la Commission chargée de préparer le règlement avait cru devoir exiger avant d'autoriser ce retrait l'intervention du conseil de famille afin d'accorder une garantie de plus à l'enfant. Le Conseil d'État se fondant sans doute sur la jurisprudence actuelle de la Cour de cassation (voy. Caisse d'épargne de Brest, arrêt du 15 mars 1905. Dalloz périodique 1906, 1re partie p. 165) qui reconnaît au tuteur seul le pouvoir de retirer tout ou partie des fonds placés aux caisses d'épargne au nom des pupilles a supprimé la formalité résultant de la délibération du conseil de famille. L'arrêté du préfet suffira donc pour justifier le retrait dans les écritures du comptable.

Dans le cas prévu par l'article 15 paragraphe 6 de la loi du 27 juin 1904 qui vise le retrait destiné en fin de tutelle à constituer au profit du pupille un livret de pension à la caisse des retraites pour la vieillesse le retrait a également lieu en vertu d'un arrêté du préfet, mais le placement à la caisse des retraites ne peut être effectué que dans les conditions fixées par la délibération du conseil de famille.

En effet c'est au moment où le conseil de famille approuve le compte de tutelle et fixe le reliquat à remettre au pupille qui va devenir majeur, que l'assemblée détermine dans la limite du cinquième la somme qui devra être prélevée sur ce reliquat à l'effet d'être versée à la caisse nationale des retraites pour la vieillesse en vue de constituer au mineur une pension de retraite.

C'est à ce moment seulement que les opérations relatives à la constitution du livret peuvent être régulièrement effectuées pour aboutir à la remise entre les mains du pupille devenu majeur du livret de la caisse des retraites inscrit à son nom et le reliquat en espèces ou en valeurs de son compte de tutelle.

Aux termes de l'article 20 du règlement ces opérations *devront être commencées deux mois au moins avant l'expiration de la tutelle et le versement du reliquat.* Bien que ce délai paraisse suffisant, il conviendra néanmoins de ne pas attendre au dernier moment pour remplir les formalités exigées afin d'éviter qu'on ne soit exposé à un refus du pupille d'accepter les décisions prises, au cours de sa minorité, par ses représentants légaux.

C'est encore au moment où le conseil de famille approuve le compte de tutelle, c'est-à-dire à la date fixée par le règlement, que cette assemblée doit opter sur la question de savoir si le versement à la caisse nationale des retraites pour la vieillesse doit être fait à capital aliéné ou à capital réservé, et c'est au conseil de famille, suivant le but qu'il se propose, de fixer les conditions du contrat à passer avec la caisse.

Il y a en effet équivalence mathématique entre les deux modes de placement qui présentent chacun des avantages particuliers entre lesquels l'assemblée de famille est seule appelée à se prononcer, dans l'intérêt du pupille. Remboursement aux héritiers ou aux ayants droit pour le capital réservé, rente plus élevée en cas d'aliénation du capital.

C'est également le conseil de famille au moment précis envisagé par le règlement qui doit fixer la date d'entrée en jouissance de la pension de retraite constituée au profit du pupille. Cette époque peut être fixée à son désir à une année d'âge accomplie entre 50 et 65 ans. Mais il convient d'observer que le pupille dont le conseil de famille a fixé la jouissance de la pension à 50 ans, conserve la faculté de l'ajourner successivement à 55, 60 et 65 ans, alors que le crédit rentier, qui dès le début a choisi l'âge de 65 ans par exemple, ne pourra en réclamer la délivrance avant cet âge que s'il est atteint de blessures graves ou d'infirmités prématurées entraînant une incapacité absolue de travailler.

Quoiqu'il en soit de ces options qui doivent être remplies avant la passation du contrat, il convient de remarquer que la seule pièce à produire à l'appui du versement par le trésorier payeur général en exécution de l'arrêté du préfet et de la délibération du conseil de famille, est un extrait sur papier libre de l'acte de naissance de chaque titulaire ou à défaut un certificat d'origine délivré par l'administration de l'Assistance publique en exécution de l'article 36 paragraphe 3 de la loi du 27 juin 1904. Toutefois, la partie versante, c'est-à-dire le comptable départemental devra signer en outre, lorsqu'il effectuera l'opération en qualité de préposé de la caisse des dépôts et consignations, une déclaration dans laquelle sont énoncées les conditions du contrat de rente viagère telles qu'elles résultent de la délibération du conseil de famille.

§ 27. — *Retraits de fonds pour achats de rente nominative opérés pour le compte des pupilles.* Cette opération se produira dans des circonstances distinctes: tantôt il conviendra d'effectuer l'achat de rentes sur l'État lorsque le maximum légal des sommes portées aux livrets tel qu'il a été fixé par l'article 4 de la loi du 20 juillet 1895, c'est-à-dire lorsque le crédit porté aux livrets dépassera 1.500 francs; dans ce cas, l'achat de rentes se produira pour ainsi dire d'une façon automatique puisqu'aux termes des instructions relatives au service des caisses d'épargne dès qu'un compte individuel dépasse le maximum, dans le délai de trois mois à partir de l'avis adressé à l'intéressé, il est acheté d'office et sans frais, au titulaire, 20 francs de rentes nominatives sur l'État.

Lorsque cette hypothèse se réalisera, un avis sera adressé par la caisse d'épargne nationale ou ordinaire, qui est dépositaire des fonds du pupille, au trésorier payeur général, conformément à l'art. 9 de la loi du 9 avril 1881, si le comptable ne répond pas, il sera procédé d'office à un achat de rentes nominatives de 20 francs.

La seconde hypothèse est celle dans laquelle le préfet tuteur usant de la faculté que lui reconnait l'article 15 de la loi du 27 juin 1904 modifiée par celle du 18 décembre 1906 enjoint au comptable départemental, sans attendre l'avis de la caisse et l'achat d'office d'avoir à demander à la caisse d'épargne d'effectuer elle-même l'achat de rentes. Aux termes de l'art. 2 de la loi du 20 juillet 1895 qui s'applique à la fois aux caisses d'épargne ordinaires et à la caisse nationale d'épargne, tout déposant dont le crédit est de somme suffisante pour acheter 10 francs de rente au moins peut faire opérer cet achat en titres nominatifs *sans frais* par les soins de l'administration de la caisse d'épargne.

La somme nécessaire au paiement de cet achat sera prélevée sur le montant des sommes portées aux livrets.

La dernière hypothèse est celle dans laquelle le préfet tuteur usant de la même faculté enjoint au trésorier payeur général de faire emploi en rentes nominatives jusqu'à due concurrence des capitaux disponibles sur le montant des économies faites sur la gestion du patrimoine des pupilles majeurs de 18 ans. A la différence des deux cas précédents les achats de rente à titre d'emploi dans cette troisième hypothèse seront faits directement par le trésorier payeur général en dehors de l'intervention des caisses d'épargne Au surplus les règles relatives aux achats de rentes par l'intermédiaire des trésoriers payeurs généraux n'ont pas besoin d'être décrites à nouveau dans la présente instruction. Les opérations d'achats de rentes sur l'État sont courantes dans le service des trésoreries générales. Au surplus il suffira de vous renvoyer à cet égard aux articles 1156 et suivants de l'instruction générale sur le service des finances du 20 juin 1859 qui renferment à cet égard toutes les indications nécessaires.

§ 28. — D'après l'article 19 du règlement tous les ans, dans le courant du mois de mai, c'est-à-dire après le retour des livrets des caisses d'épargne où ils ont été déposés en exécution de l'article 17, le trésorier payeur général adresse au préfet, un état (modèle série Finances n° 16) présentant :

1° La situation du compte de chaque pupille;

2° Le montant en principal et en intérêts de chaque livret.

Le préfet comparera les chiffres fournis par cet état avec les comptes tenus à la préfecture, et s'assurera de la concordance entre les deux comptes tenus par l'ordonnateur et le comptable.

Le trésorier payeur général joindra d'ailleurs à cet état une situation comprenant le montant des autres créances pupillaires provenant d'une origine différente de celle des livrets, de telle sorte que le préfet tuteur puisse connaître à la date envisagée l'ensemble de la fortune des pupilles placés sous sa tutelle. Grâce à la production de ces deux situations, le vœu maintes fois exprimé par la Commission et l'administration supérieure se trouvera réalisé; le tuteur, l'administration, pourront se rendre compte sans difficulté à un moment quelconque du montant de l'avoir de chaque enfant assisté placé sous la tutelle administrative. Les pupilles eux-mêmes pourront également recevoir communication de leur compte individuel chaque fois que ce renseignement leur sera utile.

§29. — L'article 21 du décret prévoit deux hypothèses qui sont soumises d'ailleurs à la même réglementation et qui se réfèrent soit à la mutation de comptable en cours d'année, soit à l'établissement de la situation du compte des deniers pupillaires à l'expiration de l'année.

En vertu du principe de l'unité de caisse, les fonds appartenant aux pupilles de l'Assistance publique se trouvent confondus dans la caisse du trésorier payeur général, avec les fonds appartenant au Trésor, et les fonds du département. Au cas de mutation de comptable au cours de l'année, ou à la date du 31 décembre, l'article 203 du règlement sur la comptabilité départementale du 12 juillet 1893, 20 janvier 1900, prescrit au préfet d'arrêter les écritures et les livres du trésorier payeur général, et de constater par un procès-verbal dont le modèle est annexé au dit règlement (mod. 57) l'existence des titres et valeurs dont le comptable resterait chargé par ses écritures.

Ainsi actuellement il est dressé en ce qui concerne les titres et valeurs deux procès-verbaux, l'un relatif aux titres et valeurs de l'État. le second aux titres et valeurs du département. Depuis la promulgation de la loi du 27 juin 1904, le trésorier payeur général ayant été chargé du service des deniers pupillaires et ce service ayant été incorporé tout entier par des comptes hors budget dans la comptabilité départementale, désormais le même procès-verbal devra tout à la fois relater les valeurs appartenant en propre au département et comprendra en outre les valeurs pupillaires. En conséquence, ces dernières valeurs seront groupées dans une section spéciale et nettement distincte dans le modèle n° 17, annexé à l'instruction du Ministre des Finances.

TITRE V

REDDITION DES COMPTES DE TUTELLE ET DÉVOLUTION

DES BIENS DES PUPILLES

§ 30. — Ce titre prévoit l'extinction de la tutelle et les conséquences qui en dérivent notamment en ce qui touche le compte de tutelle qui doit être rendu au pupille (art. 469 du Code civil).

Les causes d'extinction de la tutelle sont déterminées par le Code civil combiné avec les lois spéciales aux enfants assistés; la tutelle finit comme conséquence des faits ci-après :

1° L'arrivée de la majorité du pupille (art. 471 du Code civil);

2° La remise définitive de l'enfant à sa famille dans les conditions prévues par l'article 17 de la loi du 27 juin 1904;

3° L'émancipation du mineur (art. 471, 476 et suivants du Code civil) qui est tantôt expresse, tantôt tacite, — *expresse* lorsque le pupille a été émancipé devant le juge de paix dans les formes légales (Code civil art. 477, 478 et 479; loi du 27 juin 1904 article 13 paragraphe 2), — *tacite* quand elle est consécutive au mariage (Code civil art. 476);

4° La dévolution d'une tutelle officieuse (voy. Code civil art. 365, loi du 27 juin 1904 art. 18 § 2);

5° Le décès de l'enfant;

6° Enfin, en ce qui concerne spécialement les enfants maltraités et moralement abandonnés, la restitution de la puissance paternelle prononcée dans les conditions prévues par les articles 15 et 16 de la loi du 24 juillet 1889 (voy. loi du 27 juin 1904 art. 17 § 2).

§ 31. — D'après l'article 469 du Code civil tout tuteur quel qu'il soit doit rendre son compte de tutelle, et aucune disposition de la loi du 27 juin 1904 ne peut être invoquée en vue de soustraire le préfet tuteur à l'obligation imposée à tout mandataire de rendre compte de l'administration de la fortune d'autrui, à l'expiration de son mandat. L'article 22 du règlement est conforme à cet égard aux règles du Code civil.

Suivant le droit commun, il est rendu un compte de tutelle toutes les fois que le tuteur est remplacé; cette disposition n'est pas applicable à la tutelle des pupilles de l'Assistance publique. D'une part à raison de la permanence et de la pérennité sinon du fonctionnaire, mais de la fonction préfectorale investie du pouvoir tutélaire, on peut dire que la tutelle légale dévolue au préfet, ne subit aucune modification dans son fonctionnement, nonobstant les mutations qui peuvent se produire dans le personnel préfectoral; en second lieu, la tutelle des pupilles de l'Assistance est organisée comme un service public, gérée d'après des règles fixées par les lois et règlements, elle constitue une administration permanente surveillée et contrôlée par les pouvoirs hiérarchiques, et par le juge des comptes; dès lors, cette tutelle qui fonctionne indépendamment de la personnalité propre du tuteur ne saurait être soumise à l'obligation de rendre compte imposée par le Code civil à chaque mutation de tuteur, cette obligation doit être considérée comme exclusivement applicable aux tuteurs des enfants de famille.

§ 32. — Dans les cas d'extinction de la tutelle énoncés ci-dessus le préfet tuteur doit présenter son compte au conseil de famille. Dans quelles formes ce compte devra-t-il être rendu ? D'après le droit commun du Code civil applicable en l'absence de dispositions spéciales de la loi du 27 juin 1904 et du règlement d'administration publique du 19 mai 1909 le tuteur rend ses comptes au pupille devenu majeur: soit à l'amiable par acte sous seing privé ou devant un notaire; soit en cas de contestation devant le tribunal du lieu de la tutelle (art. 473 du Code civil).

La loi du 27 juin 1904 contient sur la matière des dispositions spéciales. L'article 16 paragraphe 2 dispose que les comptes de tutelle sont approuvés par le conseil de famille et rendus sans frais. D'autre part l'article 15 paragraphe 6 et l'article 16 paragraphe 2 prévoient l'intervention du conseil de famille au moment de l'approbation du compte de tutelle à l'effet de décider en premier lieu s'il convient d'accorder au mineur une remise sur les dépenses d'entretien, au cas où il jouirait d'un patrimoine personnel soumis à l'usufruit légal du département, et en second lieu si une partie du pécule du pupille, ne dépassant pas le cinquième, sera versée à la caisse nationale des retraites pour la vieillesse, en vue de lui constituer une pension de retraite à un âge fixé.

Le règlement sur les deniers pupillaires renferme à ce sujet deux articles 22 et 23 qui se bornent à indiquer dans quelle forme le reliquat du compte sera remis aux ayants droit par le trésorier payeur général.

§ 33. — Si l'on combine ces dispositions spéciales avec les articles 469 et suivants du Code civil et 527 du Code de procédure civile les formalités de la reddition du compte de tutelle par le préfet, dans la première des hypothèses énumérées plus haut, c'est-à-dire dans le cas normal où l'oyant compte est un mineur sur le point d'arriver à sa majorité, sont les suivants :

1° Quelque temps avant l'événement de la majorité du pupille, le préfet tuteur doit aviser le mineur sur le point de sortir de la tutelle des résultats de la gestion qui va finir. A cet effet, il doit notifier au mineur son compte comprenant l'énumération des recettes, l'énumération des dépenses et la balance constituant le reliquat. L'acte de notification *fixera au mineur un délai de quinze jours* pendant lequel l'oyant compte devra faire connaître s'il entend contester ou s'il approuve le dit compte dans sa teneur et dans ses résultats (voy. série Int. modèles n°s 11 et 12).

Les articles 22 et 23 du règlement ne disent pas à quelle date cet acte doit être notifié au pupille, mais l'article 20 du décret ayant statué dans une hypothèse analogue *a fixé cette époque à deux mois avant l'expiration de la tutelle*. Cette date peut être étendue à tous les cas.

2° A l'expiration *du délai de quinzaine imparti* par l'acte de notification, et quelques jours avant l'arrivée de la majorité, le préfet convoque le conseil de famille et lui soumet d'une part le compte du pupille accompagné des pièces justificatives telles qu'elles résultent des écritures de la préfecture et de celles de la trésorerie, et d'autre part, s'il y a lieu la réponse présentée par le mineur à la suite de la notification qui lui a été faite.

Sur le vu de ces pièces, le conseil de famille statue sur le compte, et en outre le cas échéant, sur la remise des frais d'entretien, et sur la constitution de la pension de retraite.

3° La délibération prise est transcrite sur le registre du conseil de famille, signée du président et du secrétaire. Une expédition certifiée est remise au préfet, qui prend un arrêté conforme pour autoriser la remise au majeur du reliquat en numéraire des titres et valeurs par les soins du trésorier payeur général. Une ampliation de cet arrêté est transmise au comptable, et en même temps le préfet avertit le mineur devenu majeur d'avoir à se présenter à la caisse du trésorier payeur général ou à celle de ses subordonnés, soit en personne soit par un mandataire, porteur de sa procuration spéciale, pour retirer contre récépissé, les titres de rentes, le livret de caisse d'épargne, le livret de la caisse nationale des retraites et éventuellement tous les titres, deniers et valeurs composant son patrimoine.

4° Si le pupille conteste la teneur et les résultats du compte qui a été soumis à son approbation, les titres, deniers et valeurs composant l'avoir de l'oyant compte, resteront entre les mains du comptable jusqu'à ce qu'il ait été statué par le juge conformément à l'article 473 du Code civil. Dans ce cas la restitution s'effectuera entre les mains du pupille devenu majeur sur le vu d'une expédition du jugement intervenu.

§ 34. — Jusqu'ici je n'ai visé que l'hypothèse normale, c'est-à-dire celle dans laquelle la tutelle s'éteint par l'avènement de la majorité du pupille ; les règles posées dans ce cas, s'appliquent aux autres causes d'extinction énumérées ci-dessus sous réserve des quelques modifications qui résultent de la nature des choses.

1° Lorsque la tutelle s'éteint par suite *de la remise définitive de l'enfant à ses parents* dans les conditions déterminées par l'article 17, paragraphe premier de la loi du 27 juin 1904, le reliquat en numéraire et les titres et valeurs du pupille tels qu'ils résultent du compte de tutelle approuvé par le conseil de famille, sont remis en exécution d'un arrêté du préfet, par le trésorier payeur général au père, à la mère ou au nouveau tuteur de l'enfant qui en donne décharge. Une solution identique doit être prise dans le cas prévu par l'article 17, paragraphe 2 de la loi du 27 juin 1904, où il y a restitution de la puissance paternelle en faveur des parents déchus. Dans cette hypothèse, une copie du jugement prononçant la restitution devra être jointe à la délibération du conseil de famille

2° Si la tutelle s'éteint par suite de l'émancipation du pupille, le compte de tutelle approuvé par le conseil de famille déterminera le reliquat en numéraire et les titres et valeurs que le comptable devra remettre au mineur émancipé, en exécution de l'arrêté du préfet. Cette remise sera effectuée en présence du membre du conseil de famille qui a été désigné pour remplir la fonction de curateur du mineur émancipé, et le curateur signera avec l'ancien pupille, la décharge donnée au trésorier payeur général.

3° Lorsque la tutelle légale du préfet s'éteint pour faire place à une tutelle officieuse, ou à une tutelle de droit commun, notamment dans le cas prévu dans le 2ᵉ paragraphe de l'article 18 de la loi du 27 juin 1904, le compte de tutelle approuvé par le conseil de famille détermine le reliquat en numéraire et les titres et valeurs qui devront être remis, en exécution de l'arrêté conforme du préfet, par le trésorier payeur général, au nouveau tuteur. Cette remise ne pourra être effectuée que sur la production d'une délibération du nouveau conseil de famille de l'enfant, prenant acte de la remise de l'actif du pupille. Dans ces deux hypothèses la personne qui se prévaudra à l'égard de l'ancien pupille de l'Assistance de la qualité de tuteur de droit commun, datif ou légal, ou de tuteur officieux devra en justifier par la production d'une copie de la délibération du conseil de famille, de l'Assistance publique autorisant la délation de la tutelle, et la sortie de l'enfant du service.

4° Si la tutelle s'éteint par suite du décès de l'enfant avant sa majorité, deux situations doivent être envisagées: si la succession est réclamée par les héritiers ou des légataires, le droit du département se résout aux termes de l'article 42 de la loi du 27 juin 1904, en une action en remboursement des sommes dépensées par le service pour l'entretien de l'enfant. Dans ce cas, le montant de l'actif du pupille tel qu'il résulte du compte de tutelle, est attribué au département, jusqu'à due concurrence, par un arrêté du préfet, notifié au trésorier payeur général. Celui-ci après déduction des sommes dues au département paie s'il y a lieu le reliquat aux héritiers ou légataires du pupille décédé.

Les sommes encaissées à ce titre par le département sont inscrites aux *recettes en atténuation*, qui doivent venir en déduction des dépenses susceptibles d'entrer en compte pour le calcul de la participation de l'État et des communes.

La seconde situation est celle dans laquelle la succession du pupille décédé avant sa majorité n'est appréhendée par aucun héritier ou légataire, dans ce cas, l'actif net du pupille, tel qu'il résulte du compte de tutelle est attribué au département par droit successoral. En conséquence, un arrêté du préfet enjoint au trésorier payeur général de verser le montant de cette succession au compte des produits départementaux.

L'article 41 de la loi du 27 juin 1904 porte que les départements doivent affecter à la constitution de dots de mariage les biens des pupilles décédés qui leur reviennent à titre de succession. A cet égard une question très délicate se pose : faut-il entendre ce mot *bien* au sens littéral et en conclure que le capital des successions doit être distribué en dots, ou doit-on interpréter les articles 41, 49 et 51 en ce sens que ces biens doivent être placés et que seuls les revenus seront employés à l'usage prescrit par la loi ? La question n'a pas été tranchée par le règlement, mais la commission devant laquelle elle a été discutée s'est prononcée pour la première opinion, c'est-à-dire contre le système de la capitalisation qui lui a paru opposé à la fois à la volonté du législateur et à l'intérêt bien entendu des enfants. Mais elle a considéré qu'il conviendrait, conformément à la doctrine adoptée par le Ministre de l'Intérieur dans la circulaire du 15 juillet 1904 de réunir tous ces biens dans une masse commune dont la répartition serait faite par la commission départementale au fur et à mesure des besoins à satisfaire.

Les biens délaissés par les pupilles dans les conditions prévues ci-dessus sont en général d'une importance minime ; dans la plupart des cas le montant de l'actif successoral se réduit à un livret de caisse d'épargne. Il en résulte que si l'on suivait dans l'espèce la formalité coûteuse de l'envoi en possession, les frais avancés par le département absorberaient souvent l'intégralité de la succession. C'est pour obvier à cet inconvénient que la circulaire du 5 février 1907 rédigée d'accord avec le Ministre du Travail et de la Prévoyance Sociale vous a recommandé de vous mettre en possession sans recourir aux formalités judiciaires du droit commun, toutes les fois que la succession ne se compose que de l'actif inscrit au livret, en vous conformant aux règles édictées par l'article 243 de l'instruction générale sur le service de la caisse nationale d'épargne. Dans cette hypothèse il sera procédé conformément à ces instructions, c'est-à-dire qu'à la demande de remboursement sera joint l'engagement souscrit au nom du département de restituer la somme remboursée avec les intérêts courus depuis le retrait dans le cas où cette somme serait réclamée à quelque titre que ce soit.

Il sera procédé de même toutes les fois que dans la succession des pupilles décédés avant leur majorité, on trouvera un livret à capital réservé sur la caisse nationale des retraites pour la vieillesse. La direction générale de la caisse a décidé, en effet, par analogie avec ce qui a été admis au sujet des livrets de caisse d'épargne recueillis dans la succession des pupilles, que le département pourra obtenir le remboursement des sommes portées au livret de la caisse des retraites sans recourir à la formalité de l'envoi en possession, à la condition, toutefois, que le représentant du département prenne l'engagement de restituer les sommes remboursées au cas de réclamation ultérieure.

§ 35. — L'article 24 du règlement prévoit une situation assez fréquente qui tout en se rapprochant des hypothèses énumérées ci-dessus ne met pas fin en droit à la tutelle légale ; il s'agit de la disparition du pupille, résultant de ce que l'enfant s'est enfui de la maison où il était placé, pour aller s'établir seul dans une autre localité en dehors de toute intervention du tuteur, ou s'éloigner du département pour courir à l'aventure et même passer à l'étranger. Bien qu'en droit le pupille reste dans la même condition juridique de mineur en tutelle, sa situation de fait exige qu'il soit pris à l'égard de ses biens des mesures conservatoires, dont l'effet est d'ailleurs provisoire, et cesse à son retour.

Dès que la fuite sera constatée, et que les recherches ordinaires en vue d'aboutir à la réintégration du pupille fugitif paraîtront devoir rester sans résultat, le préfet convoquera le conseil de famille auquel il soumettra le compte provisoire de tutelle tel qu'il sera arrêté au jour de la réunion. Ensuite par un arrêté pris en exécution de la délibération du conseil, le préfet ordonnera le retrait des sommes inscrites au livret de caisse d'épargne du pupille et prescrira le dépôt à la caisse des consignations des sommes, titres et valeurs appartenant au pupille. Ce retrait préalable est exigé par les règlements de la caisse qui n'accepte pas en dépôt les livrets de caisse d'épargne. Une expédition du compte de tutelle, et une ampliation de l'arrêté préfectoral seront transmises au trésorier payeur général qui les joindra à la déclaration de consignation.

Par la même délibération, le conseil de famille, autorisera le préfet, à prendre en charge le livret de la caisse des retraites pour la vieillesse appartenant au pupille, qui par sa nature ne peut être ni déposé à la caissse des consignations ni réalisé en argent.

Le numéraire, les livrets, titres et valeurs ainsi déposés, et qui constituent l'avoir du pupille seront soumis à l'application des articles 41, 49 et 51 de la loi du 27 juin 1904. Il en résulte que si le pupille évadé vient à mourir avant sa majorité sans laisser d'héritiers ou de légataires, l'actif consigné, appartient par droit successoral au département qui demandera à la caisse des dépôts et consignations l'attribution des biens déposés, contre les justifications ordinaires. Si le pupille décède après sa majorité, ou même avant s'il laisse des héritiers ou légataires primant le droit du département celui-ci aura la faculté d'exercer à l'égard de la caisse et jusqu'à due concurrence, l'action en remboursement des sommes que le service a dû avancer pour l'entretien de l'enfant.

TITRE VI

REMBOURSEMENT DES FRAIS

EXPOSES PAR LES COMPTABLES POUR LA GESTION

DES DENIERS PUPILLAIRES

§ 36. — La Commission préparatoire de la rédaction du règlement avait tout d'abord décidé d'accorder des remises aux trésoriers payeurs généraux, aux receveurs particuliers des finances et aux percepteurs chargés de la gestion des deniers pupillaires ; ce mode de payement étant le plus conforme aux règles de l'administration des finances.

Mais on a reconnu que dans certains départements, les dépenses occasionnées aux comptables dépasseraient de beaucoup le produit des remises qui leur auraient été attribuées ; dès lors, le nouveau service aurait pu se trouver dans l'impossibilité de fonctionner.

Il a semblé d'autre part à la Commission injuste de faire supporter par les pupilles les frais de gestion de leurs deniers, alors que cette charge apparaît, au premier chef, comme une dépense du service des enfants assistés, prévue par l'article 46, numéro 10 de la loi du 27 juin 1904.

Dans ces conditions la Commission dont la solution a été ratifiée par l'article 25 du règlement a décidé que les dépenses occasionnées aux comptables par l'application du décret seraient remboursées suivant les règles édictées par un arrêté du Ministre des Finances, après avis du Ministre de l'Intérieur.

Cet arrêté est intervenu à la date du 29 mai 1909 (voy. annexe n° 4).

Cet arrêté ne vise que les dépenses à la charge des comptables, aucune difficulté ne pouvait d'ailleurs s'élever au sujet du paiement des autres dépenses nécessitées par la gestion des deniers pupillaires.

Ces dépenses peuvent se grouper sous deux chefs distincts :

1° Registres et imprimés ;

2° Personnel.

1° *Dépenses de registres et d'imprimés*. — Ces dépenses comprennent, d'une part, celles qui seront engagées par le service de l'inspection de l'Assistance publique chargé de tenir les écritures de la préfecture, et, d'autre part, celles qui seront supportées par les comptables des deniers pupillaires. Tous les imprimés annexés à la présente circulaire sous la série Intérieur, seront fournis au compte du service des deniers pupillaires et imputés sur le crédit ouvert au budget, au titre des dépenses de ce service sous la rubrique « Frais de recouvrement et de gestion des deniers pupillaires » (voy. état A annexé à la circulaire du 28 février 1907 complétée par celles de 1908 et 1909 — titre II, n° 24).

Dans le plus grand nombre des départements, il a été passé des marchés par voie d'adjudication pour la fourniture des registres et imprimés nécessaires au fonctionnement du service des enfants assistés, il suffira de passer avec l'entrepreneur un marché annexe à la convention en cours, pour la fourniture des imprimés nécessaires à la gestion et au recouvrement des deniers pupillaires. Aucune difficulté sérieuse ne peut donc s'élever à cet égard.

Les imprimés annexés à la circulaire du Ministère des Finances seront, au contraire, fournis par les trésoriers payeurs généraux qui s'en procureront les exemplaires auprès de leurs fournisseurs habituels, le montant de la dépense ainsi avancée par ces comptables leur sera remboursé au moyen de mandats délivrés sur le budget départemental par voie d'imputation sur le crédit prévu *pour les frais de recouvrement et de gestion des deniers pupillaires* dans les conditions déterminées par la circulaire de M. le Ministre des Finances ci-annexée (voy. § 28).

Ces dépenses qui font partie de la catégorie des dépenses du service des enfants assistés seront comprises dans le tableau A, titre II, n° 24 annexé à la circulaire du 28 février 1907 déjà citée. (Participation de l'État aux dépenses du service des enfants assistés.)

2° *Dépenses du personnel*. — Il n'y a pas lieu de prévoir à cet égard de dépense nouvelle en ce qui concerne le service de l'inspection de l'Assistance publique. En effet, sous l'empire de la législation antérieure ce service avait déjà dans ses attributions, la tenue des écritures relatives à la gestion des biens des pupilles, la réglementation nouvelle n'apportera aucun surcroît de travail appréciable susceptible de motiver une augmentation quelconque de personnel.

La situation est toute différente pour les trésoriers payeurs généraux. Par suite des attributions nouvelles qui leur sont conférées par le règlement, ces comptables auront à tenir des écritures, et à effectuer des opérations importantes et nombreuses qui exigeront nécessairement le recours à un personnel supplémentaire dont la rétribution ne peut être équitablement laissée à la charge des trésoriers payeurs généraux.

L'arrêté du 29 mai 1909 a fixé les bases de cette rétribution qui consistera dans une allocation forfaitaire calculée d'après le nombre des comptes des pupilles. Le même arrêté a également spécifié qu'une indemnité serait allouée aux percepteurs. Le montant de ces allocations liquidé par le préfet, après justification fournie par les comptables, sera payé aux ayants droit au moyen de mandats imputés sur le crédit ouvert au budget départemental sous la rubrique « Dépenses du service — Frais de recouvrement et de gestion des deniers pupillaires » (voyez circulaire du 28 février 1907 déjà citée. — Tableau A, titre II, n° 24).

TITRE VII

RÈGLES SPÉCIALES AU DÉPARTEMENT DE LA SEINE

§ 37. — Sous l'empire des lois antérieures à la loi du 27 juin 1904, le directeur de l'Assistance publique à Paris, gérait les biens des enfants assistés et le receveur de cette administration remplissait à cet égard les mêmes fonctions que pour les biens des hospices en conformité des dispositions combinées des lois du 15 pluviôse an XIII, et du 10 janvier 1849.

La loi du 27 juin 1904 dans ses articles 11, § 2, 13, paragraphes 1 et 35, §§ 1, 2 et 3 a établi dans le département de la Seine une organisation spéciale et le règlement d'administration publique du 19 mai 1909, dans son article 26 a pris soin de confier au receveur de l'Assistance publique à Paris les attributions, qui en exécution de ce décret appartiennent aux trésoriers payeurs généraux dans les autres départements.

Ce texte n'est pas comme on pourrait le croire une simple reproduction des dispositions contenues dans l'article 13 de la loi du 27 juin 1904, il a été introduit dans le règlement pour rendre applicable à ce comptable toutes les prescriptions imposées par le décret aux trésoriers payeurs généraux.

Il en résulte que sauf dans le cas où le règlement contient une disposition spéciale au département de la Seine, le droit commun tel qu'il a été défini par le décret s'applique au département de la Seine comme aux autres départements.

Les dérogations admises par le règlement, sont au nombre de quatre comprises dans les articles 27 à 30 inclusivement.

§ 38. — La première est relative à la tenue des comptes. Antérieurement à la loi du 27 juin 1904, toutes les opérations portant sur le patrimoine des enfants assistés du département de la Seine, étaient décrites dans les écritures de la comptabilité de l'Assistance publique de Paris dans des comptes hors budget.

Parmi les *fonds en dépôt* figurait un article spécial intitulé : *Deniers des mineurs*. Les titres étaient inscrits parmi les *valeurs à divers* dans un article aussi spécial intitulé : *Deniers de mineurs*.

L'article 27 du règlement maintient les errements anciens en déclarant que les diverses opérations relatives à la gestion des deniers pupillaires sont dans les écritures du receveur de l'Assistance publique de Paris l'objet d'un compte hors budget, qui sous le nom de *deniers pupillaires* prend place dans le compte de l'administration générale de l'Assistance publique à Paris.

Toutefois pour la tenue des écritures relatives à ce compte, l'administration de l'Assistance publique de Paris devra se conformer aux dispositions contenues dans la présente instruction, pour la description des comptes relatifs aux deniers pupillaires, de telle sorte qu'il y aura à cet égard parité entre le département de la Seine et les autres départements. La seule différence consistera en ce que la comptabilité des deniers pupillaires sera rattachée dans ces derniers au compte du département, tandis que dans la Seine elle se trouvera incorporée au compte de l'administration générale de l'Assistance publique de Paris.

§ 39. — La seconde dérogation concerne les contrats de placement. Par suite du grand nombre des enfants assistés de la Seine et des conditions topographiques de ce département, on a été dans la nécessité de répartir les pupilles en province dans diverses agences à la tête de chacune desquelles est placé un directeur nommé par le préfet de la Seine. Ce directeur d'agence avait avant la loi du 27 juin 1904 dans ses attributions le placement des pupilles valides âgés de plus de 13 ans. Les conditions de ce placement étaient indiquées sur le livret matricule de chaque enfant, le patron et le directeur y apposaient leur signature. Exceptionnellement pour les placements de longue durée ou l'apprentissage, les contrats étaient établis sur des imprimés spéciaux. Les contrats stipulaient qu'une partie des gages, le tiers en général, devait être réservé pour la caisse d'épargne, et le montant de ces réserves était encaissé par les directeurs d'agences aux époques de paiement, et autant que possible versés à la caisse d'épargne, au compte particulier du mineur.

L'article 28 du règlement maintient en principe la situation antérieure, en ce qui concerne les enfants placés dans les agences. Les directeurs agissant par délégation et sous l'autorité du directeur de l'Assistance publique de Paris prépareront les contrats et autres actes relatifs au placement des pupilles dans les agences de province; ces contrats seront passés par le directeur de l'Assistance publique de Paris, pour les enfants placés dans le département de la Seine. Toutefois, dans un cas comme dans l'autre, le directeur de l'Assistance publique et les directeurs d'agences devront se conformer en ce qui concerne la tenue et la contexture des contrats de placement aux règles établies par l'article 8 du règlement, le modèle série Int. n° 4 ci-annexé, devra donc être adopté dans la Seine, en y faisant subir les corrections résultant des qualités des parties.

§ 40. — La troisième dérogation est relative au recouvrement des deniers pupillaires. D'après l'article 28, il est enjoint aux directeurs d'agences de dresser le premier de chaque mois un état de liquidation des sommes dues aux pupilles. Cet état visé par le directeur de l'Assistance publique de Paris est rendu exécutoire par le préfet de la Seine. Avis de l'émission du titre exécutoire est notifié aux débiteurs par les soins des directeurs d'agences.

Cette disposition qui étend au département de la Seine la règle établie par l'article 15 de la loi du 27 juin 1904 et les articles 9 et suivants du règlement aura pour objet de faciliter le recouvrement des deniers pupillaires. Elle adapte à la situation spéciale de ce département la procédure instituée par le législateur pour l'ensemble de la France.

Dans la Seine, le préfet tout en restant le chef du service départemental des enfants assistés et ayant seul qualité pour représenter le service dans les instances judiciaires n'est pas le tuteur légal des pupilles de l'Assistance publique du département. Cette fonction est dévolue au directeur de l'administration générale de l'Assistance publique de Paris, qui se fait assister non par des inspecteurs départementaux, mais par des directeurs d'agences établis au siège de chacune des diverses circonscriptions de placement des enfants. La situation de ces directeurs d'agences ne saurait d'ailleurs être assimilée aux inspecteurs de l'Assistance publique des départements, le directeur de l'Assistance publique de Paris ne peut leur déléguer la tutelle dans les conditions prévues par l'article 11 de la loi du 27 juin 1904.

D'autre part, le service de l'inspection établi dans le département de la Seine, en vertu de la loi du 27 juin 1904 et du règlement d'administration publique du 28 juillet 1906, n'a auprès du préfet de la Seine qu'une mission de contrôle sur le service central des enfants assistés, et sur les services locaux constitués dans les agences. Les inspecteurs de l'Assistance publique du département de la Seine pas plus que les directeurs d'agences ne peuvent recevoir la délégation de la tutelle prévue par la loi organique.

Il s'ensuit que le préfet de la Seine et les inspecteurs de l'Assistance publique dans ce département ne peuvent jouer dans la confection de l'état exécutoire le rôle assigné au préfet et à l'inspecteur par l'article 15, paragraphe 2 de la loi du 27 juin 1904. Dans ce département, c'est le directeur de l'Assistance publique de Paris qui préparera et arrêtera le montant de l'état exécutoire sur les propositions des directeurs d'agences; le préfet de la Seine, à qui appartient exclusivement le caractère de dépositaire de l'autorité publique, pourra seul revêtir de la force exécutoire les états dont il s'agit.

Au surplus, on trouvera ci-joint annexée à la circulaire la série de modèles applicables au département de la Seine et dressée en tenant compte de la situation spéciale du service des enfants assistés dans ce département.

Ces modèles sont : nᵒˢ 13 et 13 *bis* (Titres de perception); nᵒˢ 14 et 14 *bis* (États récapitulatifs).

En résumé dans le département de la Seine la répartition des attributions conférées dans les autres départements aux inspecteurs de l'Assistance publique et au préfet se répartit entre trois catégories de fonctionnaires :

1° Le directeur d'agence, qui dresse chaque mois le projet d'état liquidatif, pour être soumis au directeur de l'Assistance publique de Paris, et qui adresse aux débiteurs le bulletin individuel, dès que cet état lui est retourné revêtu de la formule exécutoire;

2° Le directeur de l'Assistance publique de Paris qui par son visa et sa signature au bas de l'état prend la responsabilité de la créance qui y est inscrite;

3° Le préfet de la Seine qui revêt de la force exécutoire, l'état qui lui est présenté.

§ 41. — La quatrième disposition spéciale au département de la Seine est consignée dans l'article 30 du règlement. Il serait inexact de la présenter comme constituant une dérogation aux règles du droit commun puisqu'elle a au contraire pour objet de faire rentrer le service des deniers pupillaires du département de la Seine dans les véritables principes du droit financier.

Sous le régime antérieur à la loi du 27 juin 1904 et même depuis la promulgation de cette loi les directeurs d'agences ont seuls le maniement et la gestion des deniers pupillaires du moins en ce qui concerne la partie la plus importante de ces deniers qui provient du produit des gages et salaires des enfants.

Les directeurs d'agences consignent sur leurs livres et contrôles les engagements des pupilles, ils délivrent aux patrons au moment de chaque versement une quittance extraite d'un carnet à souches. Ils portent dans leurs écritures en recettes en numéraire le montant des sommes ainsi versées, et simultanément en dépenses de numéraire et en recettes de valeurs, le montant du placement à la caisse d'épargne.

D'autre part, un compte est ouvert au nom de chaque élève gagé et le directeur d'agence est tenu d'y centraliser les opérations au jour le jour.

Enfin les directeurs d'agences sont tenus d'adresser à l'administration générale de l'Assistance publique à Paris :

1° A la fin de chaque trimestre un état récapitulatif des engagements conclus pendant cette période;

2° Dans les 24 heures un avis relatif aux encaissements effectués;

3° Le cas échéant, un avis de non exécution d'engagement;

4° A la fin de l'année un état des élèves de leur circonscription possédant des fonds déposés à la caisse d'épargne;

5° au fur et à mesure de la remise des livrets de caisse d'épargne un récépissé signé par le titulaire.

En somme, les directeurs d'agences qui ne sont pas, à proprement parler, des comptables, qui n'ont pas plus que les inspecteurs dans les départements qualité pour manier les deniers pupillaires, ont seuls en fait le maniement de ces deniers, soit en recettes soit en dépenses. L'article 30 du décret fait cesser cette gestion extra-légale en plaçant le département de la Seine dans le droit commun.

La manutention des deniers pupillaires est confiée désormais dans les départements aux trésoriers payeurs généraux pour le compte du receveur de l'Assistance publique de Paris.

Par suite de cette disposition importante les directeurs d'agences comme d'ailleurs les inspecteurs de l'Assistance publique des départements ne doivent plus intervenir pour le maniement des dits deniers, car c'est le trésorier payeur général ou ses subordonnés, les receveurs particuliers et les percepteurs dans la circonscription desquels est établie l'agence qui devront désormais pour les enfants assistés de la Seine procéder à toutes les opérations financières concernant ce service, dans les conditions analogues à celles qu'ils effectuent pour le service du département dans lequel ils exercent leurs fonctions.

Toutefois, il existe une différence entre leurs attributions comme comptables du département ou comme comptables de l'Assistance publique de Paris, dans le premier cas ils sont justiciables de la Cour des comptes commes comptables directs, dans le second cas, ils ne comptent que de clerc à maître auprès du receveur de l'Assistance publique de Paris.

En fait, la partie financière des attributions exercées actuellement par les directeurs d'agences qui va passer aux comptables correspondants du receveur de l'Assistance publique de Paris est très importante, elle comprend notamment:

1° Les demandes de livrets au nom des pupilles;

2° La conservation et la garde des livrets appartenant aux pupilles;

3° L'encaissement des recettes destinées à accroître l'avoir des enfants, le paiement des dépenses à prélever sur cet avoir;

4° La remise aux pupilles en exécution de la délibération du conseil de famille, et après l'approbation du compte de tutelle du reliquat en numéraire et des titres et valeurs appartenant aux enfants sortis de la tutelle de l'Assistance publique de Paris. Sur tous ces points et d'une manière générale en ce qui concerne le régime financier, il existe désormais parité absolue entre la gestion du service des agences de la Seine et celles des deniers pupillaires dans les autres départements.

§ 42. — Ainsi qu'on l'a dit plus haut, c'est l'article 35 de la loi du 27 juin 1904 qui a réglé le fonctionnement des agences de placement du département de la Seine mais il existe en dehors de ce département des services d'assistance qui pour des raisons identiques ont dû recourir à des placements de pupilles en dehors de leur circonscription territoriale. L'hypothèse est prévue par l'article 28 de la loi organique qui mentionne l'organisation spéciale aux départements compris dans cette catégorie. Cet article dispose « le pupille isolé placé dans un département autre que celui auquel il appartient, est surveillé par les fonctionnaires de l'inspection de l'Assistance publique du département où il est placé. La surveillance peut être instituée dans les mêmes conditions à l'égard des pupilles placés par groupe dans un département autre que celui auquel ils appartiennent; la décision est concertée entre les deux préfets et soumise au Ministre de l'Intérieur. Si l'accord ne s'établit pas ou si le Ministre n'approuve pas la mesure, il est pourvu à la surveillance par la nomination d'un ou de plusieurs sous-inspecteurs de l'Assistance publique habitant le département où les pupilles sont placés et agissant sous les ordres de l'inspecteur du département auquel ces enfants appartiennent ».

Il ressort de ce texte deux règles importantes:

1° Un département peut légalement placer ses pupilles sur le territoire d'un autre département, soit isolément, soit par groupes, en obtenant au préalable le consentement prévu par la loi;

2° Le concours que doit lui prêter le service du département dans la circonscription duquel le placement est effectué, n'est relatif qu'à la surveillance des pupilles.

Il en résulte que c'est au préfet tuteur qui a souscrit le contrat de placement des pupilles de son département, qu'incombe le soin de veiller à son exécution notamment en ce qui concerne le recouvrement des gages convenus et qu'il appartient au trésorier payeur général du département auquel appartient l'enfant de tenir la comptabilité des deniers de ce pupille. Ce comptable a dès lors qualité à l'exclusion de tout autre, pour prendre les mesures utiles au recouvrement des gages qui sont dus au pupille, en se concertant avec son collègue de la circonscription de placement, dans des conditions identiques à celles du receveur de l'Assistance publique de Paris au regard des comptables des départements dans lesquels ont été instituées les agences de placement de la Seine.

§ 43. — J'ai à peine besoin de faire observer que les règles exposées ci-dessus, ne reçoivent aucune application, dans les cas où comme dans certains départements, il a été constitué, dans la limite de la circonscription territoriale du service, des agences de placement dirigées soit par un sous-inspecteur de l'Assistance publique soit par un préposé spécial. Dans cette hypothèse, il n'y a pas lieu d'apporter au droit commun aucune dérogation.

TITRE VIII

DISPOSITIONS TRANSITOIRES

§ 44. — L'arrêté du 29 mai 1909 a prescrit la remise des services à la date du 1er août 1909. (Voy. annexe n° 3.)

Une distinction absolue doit être faite entre deux opérations:

1° La remise au préfet des actes dont il doit avoir la garde;

2° La remise au trésorier payeur général des deniers, titres et valeurs dont il doit avoir la gestion.

L'article 31 du règlement décrit les formes dans lesquelles devront successivement s'effectuer ces deux opérations:

I. — *La remise des actes constatant les droits appartenant aux pupilles* sera faite par les administrateurs des hospices au préfet en présence de la commission administrative et du receveur des hospices d'une part, et du conseil de famille d'autre part. Il sera dressé procès-verbal de l'opération (voy. modèle série Intérieur n° 17). La remise comprendra les actes translatifs de propriété immobilière ou de droits réels, les grosses, les expéditions ou les originaux des contrats, baux, jugements et d'une manière générale tous les actes concernant le patrimoine des pupilles.

L'intervention des receveurs d'hospices est indispensable au cours de cette opération. D'abord, ils doivent avoir en leur possession les actes, contrats, jugements et autres titres constatant l'avoir des mineurs, en tout état de cause, les receveurs qui ont encore la gestion des deniers des pupilles de l'Assistance publique possèdent seuls les éléments nécessaires pour certifier que l'intégralité des titres appartenant aux enfants ont bien été remis au cours de l'opération de la transmission des services.

La prise en charge par le préfet des titres qui lui sont remis intéresse le service des enfants assistés, c'est pourquoi le conseil de famille doit être présent à l'opération au moment de la remise, et certifier au procès-verbal qu'il donne son autorisation à l'opération effectuée. Vous voudrez bien me transmettre une expédition du procès-verbal qui aura été rédigé au cours de la séance (voy. modèle série Intérieur n° 17).

II. — La seconde opération est beaucoup plus importante, elle comprend la remise au trésorier payeur général, des livrets délivrés par les caisses d'épargne, du numéraire, des titres et valeurs appartenant aux pupilles.

Ces titres et valeurs seront remis par le receveur de l'hospice dépositaire au comptable départemental en même temps qu'une situation établie par ses écritures fixant le reliquat en numéraire et les titres et valeurs.

La remise aura lieu en présence du préfet et du conseil de famille d'une part, du receveur de l'hospice et de la commission administrative de l'autre.

Il sera dressé un procès-verbal (modèle série Intérieur n° 18) de l'opération qui sera signé par les personnes présentes.

Une expédition de ce procès-verbal sera remise immédiatement :

1° Au préfet ;

2° Au receveur de l'hospice ;

3° Au trésorier payeur général.

Une quatrième expédition certifiée conforme sera adressée par les soins du préfet au Ministère de l'Intérieur.

§ 45. — Il pourra arriver que dans certains départements les deniers pupillaires ne se trouvent pas aux mains des receveurs des hospices dépositaires ; il conviendra au préalable dès la réception de la présente instruction de régulariser la situation de manière à permettre la remise des services et la décharge du receveur légalement responsable.

Dans le cas où les livrets seraient soit entre les mains des pupilles soit entre les mains des patrons, ces irrégularités devront disparaître avant la remise des services ; vous voudrez bien adresser une circulaire à tous les possesseurs de livrets pour les mettre en demeure de les réintégrer au bureau du receveur de l'hospice dépositaire, avant la mise en vigueur du règlement.

Il pourra même arriver que dans les situations qui vous seront présentées soit par les receveurs d'hospices soit par les services d'inspection de l'Assistance publique, vous trouviez des livrets appartenant à des enfants assistés devenus majeurs, qui se sont évadés ou qui ont disparu sans laisser de traces, il conviendra de profiter du changement produit par la mise en vigueur du nouveau règlement pour régulariser la situation au moyen de l'application de l'article 24 du décret. Dans les observations que j'ai présentées plus haut au sujet de cet article j'ai indiqué les mesures à prendre, dans ce cas, pour sauvegarder les intérêts du département. Vous voudrez bien vous y référer.

Je vous adresse ci-joint, six exemplaires de la présente instruction que je vous prie de répartir comme suit :

1° Deux exemplaires pour les services de votre préfecture ;

2° Deux exemplaires pour la trésorerie générale ;

3° Deux exemplaires destinés l'un à l'inspecteur de l'Assistance publique, l'autre au bureau de l'inspection.

En m'accusant réception de la présente circulaire vous voudrez bien me donner l'assurance que la distribution des exemplaires transmis a été effectuée comme il vient d'être dit.

Le Président du Conseil, Ministre de l'Intérieur,

G. CLEMENCEAU.

MINISTÈRE
DES FINANCES

DIRECTION GÉNÉRALE
DE LA
COMPTABILITÉ PUBLIQUE

BUREAU
DES TRÉSORIERS PAYEURS GÉNÉRAUX

INSTRUCTION

SUR LE SERVICE DES DENIERS PUPILLAIRES

SOMMAIRE

TITRE PREMIER

GESTION PAR LES TRÉSORIERS GÉNÉRAUX DES BIENS DES PUPILLES DE LEUR DÉPARTEMENT. — PARTICIPATION DES COMPTABLES SUBORDONNÉS A CETTE GESTION.

TITRE II

MANUTENTION PAR LES TRÉSORIERS GÉNÉRAUX DES DENIERS DES PUPILLES IMMATRICULÉS DANS D'AUTRES DÉPARTEMENTS. — PARTICIPATION DES COMPTABLES SUBORDONNÉS A CETTE MANUTENTION.

TITRE III

DISPOSITIONS GÉNÉRALES.

TITRE PREMIER

Gestion par les trésoriers généraux des biens des pupilles de leur département. — Participation des comptables subordonnés a cette gestion.

La loi du 27 juin 1904 sur le service des enfants assistés, modifiée par la loi du 18 décembre 1906 (annexe n° 1), dispose dans son article 15 que la gestion des deniers pupillaires, c'est-à-dire des deniers appartenant aux pupilles de l'Assistance publique, est confiée aux trésoriers généraux. D'autre part, et en exécution de l'article 59 de la loi, un décret du 19 mai 1909 a déterminé les règles à suivre pour le recouvrement, la manutention et la gestion de ces deniers.

Ce décret (annexe n° 2) définit de façon précise les nouvelles attributions des comptables. Il suffira de rappeler ses dispositions essentielles en indiquant les mesures qui ont été adoptées de concert avec les ministères de l'Intérieur, du Travail et de la Prévoyance sociale et des Travaux publics, des Postes et des Télégraphes, pour son application.

Les biens mobiliers appartenant aux pupilles de l'Assistance publique sont, dans chaque département, confiés à la garde du trésorier général.

En conséquence le préfet, qui, en qualité de tuteur des pupilles du département, recevra les titres, valeurs et bijoux trouvés sur l'enfant ou remis en son nom au moment de l'abandon ou qui lui adviendraient au cours de sa minorité par succession, donation ou legs devra, dans un délai de quinze jours, faire parvenir ces titres, valeurs et bijoux au trésorier général. L'envoi sera accompagné, suivant le cas, d'un extrait du procès-verbal contenant inventaire, dressé au moment de la réception de l'enfant ou d'un extrait de l'acte relatif à la succession, à la donation ou au legs.

Par cela même qu'ils ont la garde des biens mobiliers des pupilles les trésoriers généraux devront, le cas échéant, effectuer les opérations de vente, de transfert ou de mutation, concernant ces biens, qui seraient prescrites par le préfet sur l'avis du conseil de famille. Dans cet ordre d'idées, et pour atténuer autant que possible la responsabilité des comptables, il a été décidé, par application de l'article 15 de la loi du 27 juin 1904 combiné avec l'article 5 de la loi du 27 février 1880, que les valeurs de diverses natures pouvant à l'origine constituer l'actif des pupilles seront transformées en inscriptions nominatives de rente 3 p. 100. Cette transformation ne pourra cependant avoir lieu que sur l'indication expresse du conseil de famille, notifiée par arrêté préfectoral.

Quant aux biens immobiliers, les titres de propriété y relatifs sont conservés par le préfet. Des extraits de ces titres sont toutefois remis aux comptables.

Il est à noter à ce propos que l'attention des trésoriers généraux doit également porter sur les diverses catégories de biens mobiliers et immobiliers. En effet l'article 13 du décret dispose, d'une façon générale, que les comptables sont tenus d'avertir le préfet de l'expiration des baux, d'empêcher les prescriptions, de veiller à la conservation des domaines, droits, privilèges et hypothèques appartenant aux pupilles et de requérir la transcription et l'inscription hypothécaire des actes et jugements qui en sont susceptibles.

Les aliénations de biens immobiliers, comme celles de biens mobiliers, doivent être autorisées par arrêté préfectoral pris en conformité d'une délibération du conseil de famille. Au surplus, les opérations relatives à l'aliénation des biens immobiliers seront effectuées par les soins du préfet. Des copies des actes translatifs de propriété seront transmises au trésorier général en même temps que les titres de recette mentionnant la somme à recouvrer.

III
Revenus et créances
appartenant aux pupilles.

D'autre part, les trésoriers généraux sont tenus sous leur responsabilité personnelle et sous la surveillance du préfet agissant en qualité de tuteur, de faire toutes diligences pour assurer le recouvrement du produit du travail des pupilles, la perception des revenus des immeubles, des intérêts et arrérages de rentes, valeurs mobilières et autres créances leur appartenant, de faire contre les débiteurs en retard de payer et à la requête du préfet agissant, s'il y a lieu, en vertu des délibérations du conseil de famille, les exploits, significations, poursuites et commandements nécessaires (art. 13 du décret).

Pour ces motifs les préfets devront également transmettre aux trésoriers généraux des expéditions en forme de tous les actes concernant les revenus des pupilles, ainsi que des contrats relatifs au placement des enfants; à ces contrats seront annexés, s'il y a lieu, les arrêtés fixant la partie du salaire à verser au compte des deniers pupillaires.

Les divers produits qui seront recouvrés au profit des pupilles sous le titre de « Deniers pupillaires » doivent, d'après l'article premier du décret, être groupés en trois catégories distinctes comprenant: 1° les sommes trouvées sur les pupilles ou remises en leur nom au moment de l'abandon, ou qui leur adviennent au cours de leur minorité; 2° le salaire des pupilles, déduction faite des sommes affectées à la vêture ou laissées à l'enfant pour ses menues dépenses et comme argent de poche; 3° les revenus de tous les biens meubles et immeubles appartenant aux pupilles, à partir du jour où ils ont atteint l'âge de 18 ans, et, sans condition d'âge, les revenus des biens et capitaux provenant de leur travail et de leurs économies (art 1er du décret).

Ces produits ne sont toutefois pas les seuls à encaisser pour le compte des pupilles; les trésoriers généraux recevront encore, le cas échéant, les sommes provenant de la vente des biens mobiliers et immobiliers, du remboursement des valeurs et titres de créances, d'emprunts, etc.

Mais les recettes de cette nature ne sauraient être confondues avec celles portant augmentation de l'actif qui, aux termes de l'article premier du décret, sont comprises sous le titre de deniers pupillaires; elles seront en conséquence classées séparément sous le titre de « Produits de l'aliénation des biens meubles et immeubles appartenant aux pupilles ».

IV
Revenus des pupilles
à encaisser au profit du département.

Il est indiqué dans le paragraphe précédent que les revenus des biens et capitaux autres que ceux qui proviennent du travail ou des économies des pupilles ne sont encaissés à leur profit que lorsqu'ils ont atteint l'âge de 18 ans.

Cette disposition est reproduite de l'article premier, 3°, du décret, lequel s'inspire, d'ailleurs, de l'article 16 de la loi du 27 juin 1904, ainsi conçu: « les revenus des biens et capitaux appartenant au pupille, à l'exception de ceux provenant de son travail et de ses économies, sont perçus au profit du département, jusqu'à l'âge de 18 ans, à titre d'indemnité des frais d'entretien ».

Ces revenus seront en conséquence encaissés au titre du budget départemental.

Pour éviter, à cet égard, des erreurs d'attribution, les comptables devront apporter le plus grand soin au groupement en deux catégories distinctes, d'une part, des biens et capitaux provenant du travail et des économies, et, d'autre part, des biens et capitaux qui auraient une autre origine. Ils veilleront notamment à ce que, dans le cas de remploi consécutif à une aliénation ou à un transfert, les nouveaux titres reçoivent le même classement que les titres, valeurs ou immeubles dont ils proviennent.

Les registres dont il est question ci-après, et sur lesquels les trésoriers généraux enregistreront les diverses opérations intéressant l'actif des pupilles, ont été disposés en vue de faciliter les distinctions de cette nature.

Au paragraphe III, il est indiqué que, pour permettre aux trésoriers généraux de suivre le recouvrement des produits de toute nature appartenant aux pupilles, des expéditions en forme de tous les actes relatifs à ces produits leur seront remises par l'administration préfectorale.

V
Recouvrement des revenus et créances appartenant aux pupilles.

La responsabilité du comptable ne sera toutefois engagée que lorsqu'il sera en possession de titres de recettes régulièrement établis par le préfet.

En principe, ces titres parviendront aux trésoriers généraux, antérieurement au recouvrement, mais si, exceptionnellement il n'en était pas ainsi, le comptable devrait signaler la recette au préfet qui émettrait immédiatement le titre de perception correspondant.

Les titres de recettes sont distincts selon qu'il s'agit: 1° des sommes trouvées sur les pupilles ou remises en leur nom au moment de l'abandon ou qui leur adviennent au cours de leur minorité, et des revenus des biens meubles et immeubles à encaisser au compte des deniers pupillaires (modèle A) ; 2° de la partie du salaire à verser au compte des deniers pupillaires ainsi que des économies faites sur la vêture de l'enfant ou réalisées par le pupille sur son argent de poche (modèle B ou H) ; 3° du produit de l'aliénation des biens meubles et immeubles (modèle C) ; 4° du recouvrement des frais qui auraient été avancés par le département pour le compte des pupilles, dans les conditions indiquées au paragraphe 14 ci-après (modèle D ou H).

Chaque titre ne contiendra que des créances à recouvrer dans une même circonscription de perception.

Les titres émis dans ces conditions à la même date pour l'ensemble du département seront, pour leur transmission au trésorier général, récapitulés dans un bordereau d'envoi (modèle E).

Les numéros des titres de perception émis pendant l'année formeront une série ininterrompue ; la même règle sera suivie à l'égard des bordereaux récapitulatifs ; à la réception des titres de perception, la trésorerie générale servira le livre des comptes individuels qui est décrit plus loin, (paragraphe 16), puis elle inscrira ces titres sur le carnet d'enregistrement dont il sera question au paragraphe suivant (paragraphe 6); elle les visera pour prise en charge et les fera parvenir par l'intermédiaire des recettes des finances ou des autres trésoreries générales, s'il y a lieu, aux percepteurs; les bordereaux d'envoi de la préfecture conservés par la trésorerie générale tiendront momentanément lieu de justification de prise en charge. Des extraits de ces bordereaux (modèle n° 1 ou modèle I) accompagneront les titres transmis aux recettes des finances ou aux trésoriers généraux des autres départements.

Les percepteurs transcriront sur un carnet de prise en charge les titres reçus qu'ils annoteront, au fur et à mesure des recouvrements opérés, du montant de ces recouvrements.

Ils comprendront les recettes effectuées dans leur plus prochain versement ; ces recettes seront détaillées sur un état de recouvrement (modèle n° 2) auquel seront joints les titres de perception dont le montant se trouverait entièrement recouvré.

Toutefois, lorsque les recettes énoncées sur un titre intégralement recouvré seront comprises en totalité dans un même versement, le titre figurera simplement pour son total sur l'état modèle n° 2 qui sera annoté dans la colonne « Observations » de la mention « Détail sur le titre ci-joint ».

Les recettes ainsi versées seront très régulièrement comprises dans les avis de crédit décadaires adressés par les receveurs des finances au trésorier général. Ces avis décadaires seront accompagnés des états de recouvrement et des titres de perception remis par les percepteurs ; enfin, les extraits de bordereaux récapitulatifs eux-mêmes seront joints aux derniers titres de perception y afférents, qui seront transmis à la trésorerie générale. Les percepteurs devront signaler à leur chef de service, aussitôt qu'elles se produiront, les difficultés qu'ils pourraient rencontrer pour le recouvrement des créances.

Ils établiront, d'ailleurs, un état des créances restant à recouvrer ou à verser (modèle n° 3), soit à la date du 31 décembre, soit au jour de la remise de service en cas de mutation de trésorier général. A cet état seront joints les titres sur lesquels figureraient encore des créances restant à recouvrer ou à verser. Les sommes qui auraient été recouvrées depuis le dernier versement de décembre ou depuis le dernier versement qui a précédé la remise du service à un nouveau trésorier général seront, pour la concordance des écritures, considérées comme restant à recouvrer au 31 décembre ou à la date de la remise du service, et reportées par suite, à la gestion suivante.

Les états de restes des percepteurs seront, après vérification, transmis par les receveurs des finances à la trésorerie générale ; l'envoi sera accompagné d'un état récapitulatif (modèle n° 4).

<table>
<tr><td>

VI

Carnet sommaire des droits
et produits constatés
à tenir par les trésoriers généraux
et par les receveurs des finances.

</td><td>

Le carnet d'enregistrement dont il vient d'être fait mention et qui sera dénommé « Carnet sommaire des droits et produits constatés », sera tenu dans les trésoreries générales et dans les recettes des finances. Le modèle en est donné ci-après (modèle n° 5).

</td></tr>
</table>

Ce carnet qui doit permettre de suivre, dans l'ensemble du département ou de l'arrondissement, le recouvrement des produits, a été, dans un but de simplification, disposé de façon à éviter la transcription intégrale des titres de perception.

A la trésorerie générale il sera divisé en quatre parties. La première partie présentera la situation des recouvrements dans l'ensemble du département ; elle recevra, d'une part, l'indication des numéros et du montant des bordereaux récapitulatifs produits par la préfecture lors des différentes émissions de titres de perception, et d'autre part, l'inscription des versements des receveurs des finances et des percepteurs de l'arrondissement chef-lieu ainsi que des envois des trésoriers généraux. La deuxième et la troisième partie feront ressssortir à des folios distincts par arrondissement et pour chacun des départements auxquels des titres auront été adressés en recouvrement, la situation des recettes ; les titres transmis aux recettes des finances ou autres trésoreries générales y seront inscrits pour le montant des extraits des bordereaux récapitulatifs accompagnant les envois ; les versements des receveurs des finances et les envois des trésoriers généraux seront notés pour leur montant. Enfin, la quatrième partie fera apparaître la situation des recouvrements dans chacune des perceptions de l'arrondissement chef-lieu; les titres de perception adressés aux percepteurs y seront enregistrés séparément pour leur montant total et les versements effectués par ces comptables y seront portés en bloc.

Dans les recettes des finances, le carnet des droits et produits constatés ne présentera que deux divisions relatives, l'une à la situation des recouvrements dans l'arrondissement, l'autre à la situation des recouvrements dans chaque circonscription de perception; il sera servi, à ce double point de vue, dans les mêmes conditions que celles qui viennent d'être indiquées pour la trésorerie générale à propos des situations des recouvrements dans le département et dans les perceptions de l'arrondissement chef-lieu.

Le même carnet pourra d'ailleurs, à tout instant, renseigner les comptables sur l'ancienneté des créances ou groupes de créances restant à recouvrer. A cet effet, les trésoriers généraux noteront, dans les colonnes 11 et 12, aux folios des receveurs des finances et des percepteurs, la date du retour de chaque extrait de bordereau récapitulatif ou de chaque titre de perception et la somme recouvrée en vertu de cet extrait de bordereau ou de ce titre. Des renseignements analogues seront inscrits par les receveurs des finances aux folios des percepteurs de leur arrondissement.

Le carnet sommaire recevra, le cas échéant, l'indication des sommes qui auront été admises en non valeurs, dans les conditions déterminées par l'article 16 du décret.

Les créances admises en non valeurs ainsi que celles reportées à la gestion suivante, seront déduites des totaux du carnet de la gestion expirée, ce qui ramènera, dans les différentes parties, le montant des titres de perception au chiffre des recouvrements effectués. Les créances reportées à la gestion suivante sont transcrites à nouveau comme si elles résultaient de titres émis sur cette gestion.

<table>
<tr><td>

Les percepteurs transcriront sur un carnet de prise en charge (modèle n° 6), le détail des titres de perception qui leur seront transmis.

Ce carnet recevra en outre l'indication, en regard de chaque créance, des recouvrements effectués, et s'il y a lieu, des sommes admises en non valeurs, ou à reporter à l'exercice suivant.

</td><td>

VII
Carnet de prise en charge des titres de perception à l'usage des percepteurs.

</td></tr>
<tr><td>

Les trésoriers généraux doivent, sous leur responsabilité personnelle, assurer le recouvrement des sommes dues aux pupilles; ils sont par suite dans l'obligation d'exercer, le cas échéant, les poursuites nécessaires.

Les règles relatives à ces poursuites sont différentes selon qu'il s'agit des produits du travail ou des revenus d'une autre origine.

Pour les produits du travail qui peuvent comprendre à la fois la somme minimum à verser au compte des deniers pupillaires en exécution du contrat de placement et les économies faites sur la portion du salaire affectée à la vêture du pupille, l'article 15 de la loi dispose que « les poursuites ont lieu comme en matière de contributions directes; les oppositions lorsque la matière est de la compétence des tribunaux ordinaires, sont jugées comme affaires sommaires ».

Dans les autres cas, au contraire, les poursuites sont soumises au droit commun; mais avant de commencer ces poursuites les trésoriers généraux devront, conformément à l'article 13, 2e alinéa du décret, en référer aux préfets, lesquels ne pourront d'ailleurs y surseoir qu'après une délibération conforme du conseil de famille.

</td><td>

VIII
Poursuites.

</td></tr>
</table>

IX

Emploi des recettes.
Versements à une caisse d'épargne.

Aux termes de l'article 15, 4°, de la loi, les fonds encaissés au profit des pupilles « sont placés, soit à la caisse nationale d'épargne, soit aux caisses d'épargne ordinaires, soit en rentes sur l'État »

D'un autre côté l'article 6 du décret, précisant les conditions dans lesquelles ces placements doivent être opérés, dispose que «dans les quinze jours qui suivent le versement à sa caisse, le trésorier général verse à une caisse d'épargne au nom de chaque enfant toute recette effectuée pour le compte de cet enfant.» Il va de soi que les recettes dont l'importance ne permettrait pas le versement à une caisse d'épargne seraient directement employées en achat de rente ; le reliquat provenant de cet achat serait versé à la caisse d'épargne.

L'obligation introduite par ledit article 6 s'applique bien entendu aux produits de l'aliénation des biens mobiliers et immobiliers. Toutefois, au cas où ces aliénations auraient été motivées par la nécessité de créer des disponibilités en vue du paiement de diverses dépenses ou acquisitions nouvelles, les reliquats seraient seuls versés à une caisse d'épargne.

De toute façon, il ne sera fait échec au principe posé par la loi que lorsque, s'agissant de prélèvements volontairement opérés par le pupille sur son argent de poche ou de libéralités, il conviendra d'employer les fonds conformément au désir du pupille ou aux intentions, formellement exprimées, du donateur.

X

Livrets de caisses d'épargne.

Il a été expliqué précédemment que les capitaux provenant du travail ou des économies du pupille ne devaient pas, au point de vue de l'attribution des revenus être confondus avec les capitaux ayant une autre origine, les revenus afférents à ces derniers capitaux étant jusqu'à ce que l'enfant ait atteint 18 ans, encaissés par le département, tandis que les autres profitent en tout temps aux pupilles.

En conséquence, et pour faciliter l'application régulière, soit au compte de l'enfant, soit au compte du département, des intérêts des sommes versées aux caisses d'épargne, il a été décidé d'accord avec les administrations intéressées que les pupilles des départements pourront, le cas échéant, être titulaires de deux livrets sous la réserve que le total de ces livrets n'excédera jamais le maximum légal de 1.500 fr. L'un de ces livrets, établi dans la forme ordinaire, sera spécialement affecté à l'inscription des sommes provenant du travail ou des économies du pupille ; l'autre qui portera le même numéro que le livret ordinaire, mais avec la mention *bis*, recevra toutes les sommes appartenant à ce pupille, mais productives de revenus au profit du département.

XI

Opérations à effectuer
avec les caisses d'épargne

Lorsqu'il y aura lieu, soit pour l'inscription de nouveaux versements, soit pour la constatation de remboursements, soit enfin pour l'inscription d'intérêts, de remettre les livrets aux caisses d'épargne intéressées l'envoi sera accompagné de bordereaux (modèles n°⁵ 7, 8 et 9), établis en double expédition. L'une de ces expéditions sera conservée par la caisse d'épargne ; l'autre revêtue de l'accusé de réception, soit de la caisse d'épargne privée, soit, pour la caisse nationale d'épargne du receveur des postes, fera retour à la trésorerie générale et justifiera dans le portefeuille la sortie des livrets. Les livrets devront être renvoyés à la trésorerie générale après inscription des mentions nécessaires dans le délai maximum de huit jours. Le trésorier général donnera, s'il y a lieu, décharge, au service postal ou aux caisses d'épargne privées, des livrets qui lui seront rendus.

Lorsque par suite de l'inscription des intérêts, les livrets appartenant à un même pupille se trouveront dépasser ensemble le maximum de 1.500 francs, fixé par la loi, la caisse d'épargne intéressée procédera d'office à l'achat d'une inscription de rente 3 p. 100. Lorsque cet achat pourra porter indifféremment sur les deux livrets possédés par un même pupille, le trésorier général devra indiquer, en réponse à l'avis qui lui sera adressé par la caisse d'épargne, celui de ces livrets sur lequel sera prélevé le prix d'achat de la rente, ou, le cas échéant, le chiffre de rente, en titres distincts, à imputer sur chacun des livrets.

D'ailleurs les trésoriers généraux devront, pour qu'il soit possible de verser aux caisses d'épargne, dans le délai de quinze jours fixé par le décret, les sommes recouvrées au profit des pupilles, provoquer cet achat lorsque les soldes des livrets atteindront un chiffre voisin de 1.500 francs. Les demandes nécessaires seront rédigées sur les formules en usage dans le service postal ou aux caisses d'épargne privées.

Les titres nominatifs de rente ainsi acquis aux pupilles seront remis aux trésoriers généraux qui en prendront immédiatement charge dans leur comptabilité.

Versements. — Les versements pas plus que les remboursements ne donneront lieu à aucun déplacement de numéraire entre la trésorerie générale et les caisses d'épargne, ils se traduiront en de simples opérations de comptabilité.

Pour les versements, le trésorier général délivrera un récépissé au titre du compte « Versements des receveurs des postes » s'il s'agit de la caisse nationale d'épargne, ou, « Caisse des dépôts et consignations (caisses d'épargne et de prévoyance) », dans le cas d'une caisse d'épargne privée. Ce récépissé accompagnera l'envoi des livrets à la caisse intéressée ; il en sera d'ailleurs fait mention dans l'accusé de réception préparé au pied du bordereau de versement.

Remboursements. — Les remboursements effectués sur la production aux caisses d'épargne des bordereaux modèle n° 8 revêtus du visa du préfet aboutiront à un échange de quittances, dans les conditions suivantes ; le trésorier général recevra du receveur des postes ou de la caisse d'épargne privée, en même temps que les livrets dûment annotés, une quittance de fonds de subvention ou de retrait de fonds égale au montant total du remboursement ; de son côté, il remettra à la caisse intéressée un récépissé constatant l'application au compte « Produits de l'aliénation des biens meubles et immeubles appartenant aux pupilles » des sommes dont le retrait aura été constaté.

Deux ampliations de l'arrêté préfectoral autorisant le remboursement seront remises à la trésorerie générale ; l'une d'elles sera produite à la caisse d'épargne, l'autre sera conservée par la trésorerie générale pour être jointe à l'appui du compte départemental, dans les conditions indiquées d'autre part (nomenclature, page 73).

Le bordereau modèle n° 8 sera utilisé à la fois pour les retraits partiels et pour les remboursements totaux. Mais dans ce dernier cas, la somme à rembourser étant formée du solde apparent du livret augmenté du montant d'intérêts, que seul le service détenteur du compte courant est à même de connaître, il conviendra de n'inscrire aucune somme dans la colonne 5, (montant des retraits) et de porter seulement la mention « Remboursement intégral » dans la colonne observations ; la colonne 5 sera alors totalisée par la caisse d'épargne elle-même.

Intérêts. — Les livrets sont obligatoirement remis aux caisses d'épargne pour l'inscription des intérêts tous les ans dans le courant du mois de mars (article 17 du décret).

Dès leur retour à la trésorerie générale il sera fait recette au compte des deniers pupillaires des intérêts inscrits sur les livrets ordinaires. Quant aux intérêts inscrits sur les livrets spéciaux, il conviendra d'en opérer le retrait, puisque leur montant doit être attribué au département. La demande nécessaire sera adressée sans délai aux caisses d'épargne, afin d'arrêter aussitôt que possible les effets de la capitalisation dont le département se trouvera bénéficier. Les formalités d'encaissement de ces intérêts seront celles qui viennent d'être indiquées pour les remboursements ; toutefois, comme la recette doit être immédiatement appliquée au compte départemental, c'est au titre de ce dernier compte que devra être délivré le récépissé à remettre à la caisse d'épargne.

Il ne sera pas fait de liquidation d'intérêts, pour le livret spécial, au jour où le pupille atteindra sa 18e année. A la liquidation annuelle qui suivra, les trésoriers généraux feront la répartition des intérêts entre le département et le pupille, proportionnellement au temps et en tenant compte des variations du capital.

Réunion des deux livrets en un seul. — Lorsque la portion des intérêts revenant au département aura été prélevée, le solde du livret spécial sera transporté sur le livret ordinaire. Il ne sera fait recette au compte des deniers pupillaires que de la partie des intérêts attribuée au pupille.

XII
Demande d'établissement de livrets au nom d'un pupille.

Pour le premier versement à effectuer au nom d'un pupille, il devra être fait usage du bordereau spécial (modèle n° 10), comportant toutes les indications nécessaires à l'établissement du livret (nom, prénoms et date de naissance du pupille), qu'il s'agisse d'un livret ordinaire ou d'un livret spécial. Ces bordereaux seront visés par le préfet pour autorisation de placement à la caisse d'épargne désignée ; ils seront accompagnés, pour la caisse nationale d'épargne, de demandes de livrets établies en double expédition sur les formules du service des postes. Ces formules porteront l'indication « Pupilles du département d........... placés sous la tutelle du préfet » et s'il y a lieu la mention « les intérêts seront perçus au profit du département jusqu'à ce que le titulaire ait atteint l'âge de 18 ans. (Loi du 27 juin 1904 art. 16) ». A ce propos, il convient de noter que pour éviter à l'avenir l'entremise des recettes des finances dans les diverses opérations à effectuer avec les caisses d'épargne, les demandes de livret devront toujours être adressées soit au receveur des postes correspondant de la caisse nationale d'épargne soit à la caisse d'épargne privée existant au siège de la trésorerie générale.

Au bordereau destiné aux caisses d'épargne privées seront joints, au lieu et place des actes de naissance des enfants, les certificats d'origine prévus par l'article 36, 3e alinéa, de la loi du 27 juin 1904.

XIII
Livrets de la caisse des retraites pour la vieillesse.

Dans le cas où le conseil de famille déciderait, par application de l'article 15 (6e alinéa) de la loi, qu'un prélèvement ne dépassant pas le 1/5 de l'actif net du pupille sera opéré sur cet actif en vue d'un versement à la caisse des retraites pour la vieillesse, le trésorier général devrait, sur l'ordre du préfet et deux mois au moins avant l'expiration de la tutelle, procéder aux opérations nécessaires (art. 20 du décret).

Ce versement unique en fin de tutelle, prévu par la loi, n'exclut pas toutefois la possibilité d'opérations avec ladite caisse au cours même de la minorité. Mais ces opérations ne pourront porter que sur des sommes provenant soit de prélèvements volontairement opérés dans ce but, par le pupille, sur l'argent affecté à ses menues dépenses, soit de libéralités, lorsque le donateur aura formellement spécifié que les fonds donnés ou légués par lui doivent être versés à la caisse des retraites.

XIV
Avances de frais divers pour le compte des pupilles.

Lorsqu'il y aura lieu d'engager une procédure ou d'effectuer des poursuites dans l'intérêt des pupilles, les fonds nécessaires à ces opérations seront avancés au débit d'un compte hors budget ouvert à cet effet dans la comptabilité départementale sous le titre «Frais divers avancés pour le compte des pupilles du département».

Les sommes qui ne seraient pas recouvrées sur les tiers mis en cause resteront à la charge du pupille, sauf admission en non valeurs dans le cas où l'actif de celui-ci serait insuffisant pour désintéresser le département. Dans ce cas un mandat budgétaire sera émis pour couvrir cette insuffisance.

Quant aux excédents de recettes qui pourraient provenir du recouvrement des frais de poursuites exercées par la poste, ils seront encaissés au titre des produits éventuels départementaux.

Des avances pourront également être consenties par le département, en vue du paiement de dépenses urgentes (réparations d'immeubles, condamnations prononcées contre les pupilles, etc...) qui ne pourraient être immédiatement acquittées à l'aide des ressources du pupille.

La mission qui est confiée aux trésoriers généraux de veiller à la sauvegarde des intérêts des pupilles entraîne pour eux la nécessité de constituer une sorte de sommier d'actif dans lequel ils noteront les renseignements essentiels concernant les biens mobiliers et immobiliers appartenant à ces pupilles.

Le modèle de ce livre sommier est donné ci-après (modèle n° 11).

Un folio y sera ouvert au nom de chaque pupille; il recevra l'énonciation d'une part, des biens immobiliers appartenant aux pupilles et, d'autre part, des titres, valeurs et bijoux dont la garde est confiée au trésorier général. Ces biens, titres et valeurs seront, dans le but indiqué au paragraphe 4 ci-dessus, groupés séparément selon qu'ils proviennent du travail et des économies du pupille, ou qu'ils ont une autre origine.

Les différentes mentions relatives à l'évaluation des biens, aux revenus, aux actes conservatoires, etc... seront inscrites dans des colonnes ouvertes à cet effet.

En ce qui concerne les biens mobiliers l'évaluation sera fixée par l'extrait du procès-verbal visé par l'article 5 du décret, extrait qui accompagnera l'envoi fait par le préfet, des titres de créances, valeurs et objets précieux; il conviendra d'ailleurs pour cette évaluation et lorsqu'il s'agira spécialement des titres et valeurs de se conformer aux règles tracées par l'instruction de la Caisse des dépôts et consignations du 1er décembre 1877 (art. 159), règles qui sont reproduites dans la circulaire du 30 mai 1901, paragraphe 12.

Le livret de placements à la caisse des retraites pour la vieillesse figurera, le cas échéant, au sommier de l'actif, pour le capital qu'il représente.

Les colonnes d'observations recevront les indications relatives aux aliénations de biens, transferts et mutations. Mention y sera faite également du dépôt à la Caisse des dépôts et consignations des titres et valeurs au cas de disparition du pupille, ou de la remise de ces biens, soit au pupille devenu majeur, soit au nouveau tuteur si l'enfant quittait le service.

Enfin, dans un cadre spécial seront notés les renseignements relatifs aux contrats de placement.

D'autre part, et conformément aux prescriptions de l'article 12 du décret, les trésoriers généraux tiendront un compte des recettes et des dépenses au nom de chaque pupille.

Le livre des comptes individuels dont il sera fait usage (voir modèle n° 12) ne constitue pas seulement un livre de recettes et de dépenses ; il se prête encore à la description des diverses opérations relatives soit à l'emploi des recettes, soit à la transformation de l'actif. Ce livre est monté pour plusieurs années ; il y a tout avantage en effet à grouper dans un même folio ou dans une même suite de folios, l'ensemble des opérations effectuées pour chaque pupille pendant toute la durée de la tutelle. Les différentes parties de chaque compte seront cependant totalisées tous les ans au 31 décembre, mais les résultats seront intégralement repris dans les opérations de l'année suivante.

A. *Compte des recettes.* — Seront compris en recettes au compte du pupille les produits encaissés au titre des deniers pupillaires, c'est-à-dire : 1° les sommes trouvées sur le pupille ou remises en son nom au moment de l'abandon, ou qui lui adviennent au cours de sa minorité ; 2° la partie du salaire du pupille versée au compte des deniers pupillaires, en exécution du contrat de placement, ainsi que les économies faites sur la vêture de l'enfant ou réalisées par le pupille sur son argent de poche ; 3° les revenus de tous les biens meubles et immeubles appartenant au pupille à partir du jour où il a atteint l'âge de 18 ans, et sans condition d'âge, les revenus des biens et capitaux provenant de son travail et de ses économies.

Les recettes effectuées ainsi que les titres de recouvrements émis seront inscrits dans des colonnes distinctes pour chacune des trois catégories de produits qui viennent d'être énoncées.

Des mentions à l'encre rouge indiqueront, s'il y a lieu, les créances admises en non valeurs à déduire du montant des titres de recettes.

Quant aux revenus qui seraient encaissés au profit du département, ils ne figureront au compte du pupille que pour mémoire. Leur inscription régulière à ce compte permettra d'éviter toute recherche au cas où, par application de l'article 16 de la loi, il serait décidé que tout ou partie de ces revenus sera restitué au pupille devenu majeur.

B. *Emploi des recettes.* — Les recettes appartenant à l'une quelconque des trois catégories de produits ci-dessus visées doivent dans les quinze jours qui suivent la constatation dans les écritures de la trésorerie générale être versées à une caisse d'épargne. Ces versements seront constatés dans un cadre spécial faisant suite au compte des recettes.

Les sommes encaissées au titre des deniers pupillaires et qui ne pourraient, en raison de leur importance être versées à une caisse d'épargne, doivent, dans le même délai de quinze jours, être employées en rente 3 p. 100. L'opération d'achat sera suivie au compte du pupille, dans la subdivision du dit compte, intitulée « Opérations portant transformation ou diminution de l'actif », dont il va être question.

De même le versement immédiat à la caisse des retraites et, d'une façon générale, l'emploi conforme aux intentions des pupilles ou des donateurs, des économies réalisées ou des sommes données ou léguées, sera noté parmi les « Opérations portant transformation ou diminution de l'actif ».

C. *Opérations portant transformation ou diminution de l'actif ; compte des dépenses.* — Aucune dépense ne peut être faite si elle n'a été préalablement autorisée par un arrêté préfectoral pris dans les conditions déterminées par les articles 18 et 20 du décret. Or, comme les deniers encaissés pour le compte des pupilles sont, en principe, placés sans délai, il faudra la plupart du temps que cet arrêté contienne l'autorisation d'opérer, sur l'actif du pupille, les prélèvements nécessaires.

Mais les opérations de dépenses ne sont pas les seules qui doivent avoir pour corollaires soit un retrait de fonds à la caisse d'épargne, soit une aliénation de biens mobiliers ou immobiliers. Des retraits ou des aliénations de cette nature deviendront généralement obligatoires lorsqu'il y aura lieu d'apporter une simple modification dans la composition de l'actif. Dès lors il a paru qu'il convenait de grouper dans un même cadre les diverses opérations portant soit diminution soit transformation de l'actif. Ce cadre fera ressortir parallèlement, d'une part, les sommes rendues disponibles par suite, soit des retraits opérés à la caisse d'épargne, soit de l'aliénation des biens mobiliers et immobiliers, et, d'autre part, l'emploi qui aura été fait de ces sommes.

Seront, le cas échéant, considérés comme produits d'aliénation des biens, les fonds provenant d'emprunt.

Parmi les sommes disponibles à employer figureront également les deniers dont l'importance ne permet pas le placement à la caisse d'épargne ou qui doivent être affectés à d'autres opérations nettement précisées par les pupilles ou par les donateurs, (voir §§ 9, 13 et 16 B ci-dessus).

L'emploi des fonds sera noté dans des colonnes distinctes, selon qu'il s'agit d'achats de rente 3 p. 100, de versements à la caisse des retraites pour la vieillesse, de dépenses effectives ou du versement à la caisse d'épargne du reliquat qui pourrait exister après chaque opération. Il est à remarquer à ce propos que les bordereaux établis pour les versements aux caisses d'épargne seront produits dans le compte de gestion départemental à l'appui des opérations ; des bordereaux spéciaux devront en conséquence être dressés, d'une part, pour les placements intéressant le compte « Deniers pupillaires » et, d'autre part, pour le versement des sommes provenant du compte « Produits de l'aliénation, etc. ».

Dans les dépenses diverses figureront, s'il y a lieu, les intérêts ou annuités afférents aux emprunts du pupille, le remboursement des frais ou du reliquat des frais avancés par le département, etc ...

D. *Avances faites au pupille.* — Il a paru indispensable, pour éviter autant que possible des omissions préjudiciables au département, et à l'occasion desquelles la responsabilité des comptables pourrait être mise en cause, de tenir au compte du pupille un état, pour mémoire, des avances reçues.

Deux colonnes sont ouvertes dans ce but au dit compte sous le titre « Frais divers avancés dans l'intérêt du pupille ». Dans l'une de ces colonnes intitulée « Débit », seront inscrites les avances faites au pupille, dans l'autre, portant la mention « Crédit », seront notées les sommes récupérées sur les tiers ou sur le pupille lui-même, ainsi que celles provenant de mandatements sur les fonds départementaux.

E. *Situation des livrets de caisse d'épargne.* — Enfin dans un cadre annexe sera suivie au fur et à mesure des versements et des retraits, la situation des livrets de caisse d'épargne.

Cette situation devrait logiquement figurer au sommier de l'actif, mais comme toute opération de recette et de dépense entraîne généralement soit un versement, soit un retrait de fonds à la caisse d'épargne, il a paru que son rattachement au compte des recettes et des dépenses était de nature à faciliter la tâche des comptables.

Pour permettre aux préfets de tenir le livre des comptes individuels prescrit par l'article 12 du décret, les trésoriers généraux leur adresseront, les premiers jours de chaque mois, un bordereau détaillé des recettes effectuées pendant le mois précédent (modèle n° 13).

Ce bordereau mentionnera, en outre, pour chaque recette opérée au profit du pupille, la date à laquelle la totalité ou une partie seulement des fonds a été versée à une caisse d'épargne ou à la caisse des retraites, ou employée soit en achats de rente 3 p. 100, soit au paiement de

XVII
Bordereau détaillé mensuel
des
opérations de recettes
et d'emploi de recettes.

dépenses effectives. Les reliquats non employés apparaîtront dans une colonne distincte et seront reportés sur la situation du mois suivant.

Dans la colonne « Observations » les comptables auront soin d'indiquer les recettes qui ne seraient pas encore justifiées par des titres de perception réguliers et, lorsqu'il s'agira d'un premier versement à une caisse d'épargne ou à la caisse des retraites pour la vieillesse, le numéro du livret délivré.

Enfin, dans deux cadres spéciaux situés au pied de cet état, seront inscrites les différentes indications utiles, concernant les titres de rente acquis par l'entremise soit des caisses d'épargne, soit de la trésorerie générale.

XVIII
Situation des recouvrements.

Conformément aux prescriptions de l'article 15 du décret, les trésoriers généraux adresseront aux préfets, dans les dix premiers jours des mois d'avril, de juillet et d'octobre, un état (modèle n° 14) des sommes restant à recouvrer sur les gages des pupilles, aux dates des 31 mars, 30 juin, 30 septembre.

En outre, un état des restes (modèle n° 15) concernant les différentes natures de produits sera établi d'après le compte des pupilles, arrêté au 31 décembre de chaque année; il sera remis au préfet avant le 31 janvier suivant (art 16 du décret).

Le même état arrêté à la date de la remise de service devra être établi en cas de mutation de comptable.

XIX
Situation des comptes des pupilles.

Enfin, chaque année dans le courant du mois de mai, le trésorier général adressera au préfet un état (modèle n° 16) présentant dans son ensemble la situation au 31 décembre précédent du compte de chaque pupille (art. 19 du décret); cette situation énoncera le montant des livrets de caisse d'épargne au 31 décembre et mentionnera en outre pour chaque nature de livret les intérêts afférents à l'année écoulée.

XX
Arrêté des écritures.

L'article 21 du décret dispose que « à la date du 31 décembre de chaque année ou à l'époque de la cessation des fonctions du trésorier général, les écritures et les livres de la comptabilité des deniers pupillaires sont arrêtés par le préfet qui doit, en outre mentionner les titres et valeurs dont le trésorier général reste débiteur en sa qualité de comptable des deniers pupillaires ».

En conséquence, et étant donné que les opérations relatives à la gestion des deniers des pupilles sont constatées dans les écritures du département (opération hors budget), il y a lieu de modifier le procès-verbal prescrit par l'article 203 du décret du 12 juillet 1893, sur la comptabilité départementale, par l'ouverture d'une section où sera décrite la situation du trésorier général en ce qui concerne les titres et valeurs appartenant à ces pupilles. Le nouveau modèle du procès-verbal est donné ci-après (modèle n° 17).

Généralement les livrets de caisse d'épargne seront en nombre trop considérable pour qu'il soit possible de les énoncer un à un au procès-verbal; il suffira d'indiquer leur nombre et le capital qu'ils représentent.

De même les titres de rente française pourront être groupés par coupures.

Toutefois un relevé détaillé des livrets de caisse d'épargne, des titres de rente 3 p. 100 et des autres valeurs sera produit au préfet dans les trois mois qui suivent la date de l'arrêté des écritures.

Aux termes des articles 22 à 24 du décret, lorsque prend fin la tutelle organisée par la loi du 27 juin 1904, le compte de tutelle, approuvé par le conseil de famille, détermine le reliquat en numéraire et les titres et valeurs qui doivent être remis aux ayants droit par le trésorier général.

La remise des sommes, valeurs et titres est effectuée sur la production du compte de tutelle revêtu de l'acquit des ayants droit et d'un arrêté du préfet autorisant cette remise.

Le compte de tutelle qui n'aurait pas été accepté par les ayants droit devrait être appuyé de la copie d'un jugement d'homologation.

Lorsqu'il s'agira d'enfants qui, ayant été confiés à l'Assistance publique par application de la loi du 24 juillet 1889 relative aux enfants maltraités ou moralement abandonnés, seraient remis à leurs parents, le compte de tutelle devra être appuyé de la copie du jugement qui restitue la puissance paternelle.

Si, à la tutelle légale du préfet, devait succéder une tutelle de droit commun ou une tutelle officieuse, notamment dans le cas prévu par le 2e paragraphe de l'article 18 de la loi du 27 juin 1904, la remise du numéraire, des titres et valeurs devrait être appuyée, en outre, d'une délibération du nouveau conseil de famille de l'enfant, prenant acte de la remise de l'actif du pupille; de plus, la personne qui se prévaudra à l'égard de l'ancien pupille de l'Assistance publique de la qualité de tuteur de droit commun, datif ou légal, ou de tuteur officieux, devra justifier de cette qualité par la production d'une copie de la délibération par laquelle le conseil de famille de l'Assistance publique a autorisé le transfert de la tutelle.

Lorsque la tutelle s'éteint par suite de l'émancipation du pupille, la remise du numéraire, des titres et valeurs doit être effectuée en présence du membre du conseil de famille qui a été désigné pour remplir la fonction de curateur du mineur émancipé et qui signera avec l'ancien pupille la décharge donnée au trésorier général.

En cas de disparition du pupille le préfet, après délibération du conseil de famille, prescrit le dépôt à la Caisse des dépôts et consignations de tous les titres et valeurs appartenant au pupille (art. 24 du décret).

Une expédition du compte de tutelle et une ampliation de l'arrêté préfectoral seront jointes à la déclaration de consignation.

Si le pupille, devenu majeur, refusait de recevoir les sommes, titres et valeurs lui appartenant, une décision de justice devrait autoriser le trésorier général à en opérer le dépôt à la Caisse des dépôts et consignations.

Il est à noter que la Caisse des dépôts et consignations n'accepte pas le dépôt des livrets de caisse d'épargne; il conviendra donc, le cas échéant, d'opérer le retrait des sommes inscrites sur ces livrets, et d'en consigner le montant. Dans cet ordre d'idées, il a été décidé, d'accord avec le ministère des Travaux publics et le ministère du Travail et de la Prévoyance sociale, que le remboursement, entre les mains du trésorier général, à charge de consignation, des fonds déposés aux caisses d'épargne, serait encore admis dans le cas où le pupille disparu aurait atteint sa majorité.

De même si dans l'actif du pupille disparu figuraient des bijoux, le conseil de famille aurait à déterminer les conditions dans lesquelles la vente en sera effectuée. Un arrêté du préfet visant la délibération du conseil de famille autorisera le trésorier général à remettre les objets à la personne, de préférence un commissaire-priseur, qui aura été désignée pour procéder à la vente. Les fonds provenant de cette vente seront versés à la trésorerie générale qui les encaissera d'abord au titre des produits de l'aliénation des biens mobiliers et immobiliers appartenant aux pupilles, puis procédera à leur consignation. Quant au livret de la caisse des retraites pour la vieillesse pouvant appartenir au pupille disparu, il sera remis au préfet qui en donnera décharge au trésorier général.

XXII
Remise du service
aux trésoriers généraux.

Conformément aux dispositions de l'article 32 du décret, un arrêté du 29 mai 1909, pris de concert entre le Président du Conseil, ministre de l'Intérieur et le ministre des Finances a fixé au 1ᵉʳ août 1909 la date à laquelle les trésoriers généraux seront chargés de la comptabilité des deniers pupillaires.

La remise aux trésoriers généraux du numéraire, des livrets de caisse d'épargne et de la caisse des retraites pour la vieillesse, des titres, valeurs et bijoux appartenant aux pupilles aura lieu contradictoirement en présence du préfet et du conseil de famille d'une part, du receveur et de la commission administrative de l'hospice de l'autre.

Cette opération sera constatée par un procès-verbal établi en triple expédition. L'une de ces expéditions sera remise au préfet, la seconde au receveur de l'hospice et la troisième au trésorier général qui la produira à l'appui du compte départemental (exercice 1909).

Au procès-verbal sera annexé un bordereau énonçant en détail, et avec toutes les indications nécessaires pour les désigner de façon précise, les livrets de caisses d'épargne, de la caisse des retraites, les titres, valeurs et bijoux remis au trésorier général. Ce bordereau mentionnera en outre les noms et prénoms, ainsi que les numéros matricules des pupilles auxquels lesdits livrets, titres, valeurs et bijoux appartiennent. De plus, pour faciliter la vérification, les différents éléments constituant l'avoir des pupilles seront groupés sur le bordereau par nature, et les capitaux ou chiffres de rente qu'ils représentent (voir les règles relatives aux évaluations rappelées au paragraphe 15 de la présente instruction) seront totalisés.

Enfin pour permettre aux trésoriers généraux de contrôler avec tout le soin désirable les résultats inscrits au procès-verbal et pour éviter que les formalités de remise de service prennent un temps trop considérable, il a été décidé, d'accord avec le ministère de l'Intérieur, que les bordereaux accompagnés des livrets, titres, etc... y énoncés, leur seraient communiqués par les receveurs d'hospice, huit jours au moins avant la date fixée pour la dite remise de service.

L'attention des trésoriers généraux est tout particulièrement appelée sur ce point qu'ils ne devront accepter que des capitaux, livrets, titres, valeurs et bijoux appartenant à des pupilles immatriculés dans le département et comptant encore dans le service.

L'entrée du numéraire et des valeurs dans la caisse ou le portefeuille du trésorier général sera constatée, suivant récépissés, délivrés dans les conditions indiquées plus loin, au paragraphe concernant les écritures. Ces récépissés justifieront dans la comptabilité du receveur de l'hospice la sortie du numéraire et des valeurs.

A ce propos, il convient de remarquer que, parmi les livrets qui seront remis aux trésoriers généraux, un certain nombre pourront concerner des caisses d'épargne privées ayant leur siège ailleurs qu'au chef-lieu du département. Pour éviter des protestations de la part de ces caisses, aucun transfert ne sera demandé. Les trésoriers généraux devront avoir recours à l'entremise des receveurs des finances chaque fois que des opérations auront à être constatées sur les livrets en question. Ils accompagneront l'envoi des livrets de bordereaux de versements ou de retraits dûment préparés.

Les diverses opérations que les trésoriers généraux et les receveurs des finances auront à effectuer pour le compte des pupilles de leur département seront constatées conformément aux prescriptions de l'article premier du décret, dans la comptabilité départementale (services hors budget).

A cet effet les comptes suivants sont ouverts, savoir :

XXIII
Écritures.

I. — Dans les écritures des trésoriers généraux.

A. — Services hors budget. — 1re Section.
(Comptes dont les recettes et les dépenses sont justifiées.)

1° Deniers pupillaires.

> Article 1er. — Sommes trouvées sur les pupilles, remises en leur nom au moment de l'abandon ou qui leur adviennent au cours de leur minorité.
>
> Art. 2. — Produit du travail des pupilles.
>
> Art. 3. — Revenus des biens meubles et immeubles appartenant aux pupilles.

2° Produit de l'aliénation des biens meubles et immeubles appartenant aux pupilles.

3° Pupilles du département, L/C de livrets de caisse d'épargne.

4° Pupilles du département, L/C de titres, valeurs et objets précieux.

5° Frais divers avancés pour le compte des pupilles du département.

B. — Services hors budget. — 2e Section. (Comptes de portefeuille.)

1° Livrets de caisse d'épargne appartenant aux pupilles.

2° Titres et valeurs appartenant aux pupilles.

3° Objets précieux appartenant aux pupilles.

II. — Dans les écritures des receveurs des finances.

1° Deniers pupillaires.

2° Produit de l'aliénation des biens meubles et immeubles appartenant aux pupilles.

3° Frais divers avancés pour le compte des pupilles du département.

Le jeu de ces comptes et les justifications à produire à l'appui des opérations font l'objet du tableau et de la nomenclature complétant les présentes instructions (pages 61 à 83).

TITRE II

MANUTENTION PAR LES TRÉSORIERS GÉNÉRAUX DES DENIERS DES PUPILLES IMMATRICULÉS DANS D'AUTRES DÉPARTEMENTS. — PARTICIPATION DES COMPTABLES SUBORDONNÉS A CETTE MANUTENTION.

Aux termes de l'article 30 du décret, les opérations matérielles de recettes et de dépenses concernant la gestion des biens des enfants assistés de la Seine sont effectuées dans les départements, par les trésoriers généraux, pour le compte du receveur de l'Assistance publique.

XXIV
Opérations à effectuer pour le compte
du receveur
de l'Assistance publique à Paris.

Recettes. — En conséquence, les trésoriers généraux recevront de l'administration de l'Assistance publique notification des créances dont ils devront assurer le recouvrement. Il leur sera remis à cet effet un titre de perception (modèle F), distinct pour chaque circonscription de perception intéressée ; les titres qui leur seront adressés à la même date seront récapitulés sur le bordereau d'envoi qui les accompagnera (modèle G).

Les trésoriers généraux pourront, dans ces conditions, conserver les bordereaux d'envoi en justification de leurs prises en charge, et transmettre aux percepteurs, par l'intermédiaire des receveurs des finances, s'il y a lieu, les titres mêmes qui les concernent.

Les titres de perception adressés aux receveurs des finances seront récapitulés dans un état (modèle n° 18), formant extrait du bordereau récapitulatif fourni par l'administration de l'Assistance publique.

Le carnet sommaire des droits et produits constatés (modèle n° 19), qui sera tenu par les trésoriers généraux et les receveurs des finances, sera servi de la même façon que le carnet modèle n° 5 dont il a été précédemment question.

Les percepteurs tiendront un carnet de prises en charge (modèle n° 20), analogue au carnet modèle n° 6 décrit plus haut, ils inscriront également sur les titres de perception les sommes recouvrées.

Comme pour les créances des pupilles du département, ils devront signaler sans retard les difficultés de recouvrement qui se produiraient ; les poursuites nécessaires seront, s'il y a lieu, exercées par les trésoriers généraux à la requête du préfet de la Seine.

Les sommes que les percepteurs auront recouvrées seront comprises dans leur plus prochain versement ; elles seront détaillées sur un état (modèle n° 21) dans les conditions indiquées précédemment (voir § 5).

Les bordereaux de recouvrements établis par les percepteurs et, s'il y a lieu, les titres de perception y annexés seront adressés à la fin de chaque mois par les trésoriers généraux au receveur de l'Assistance publique ; ces bordereaux et titres seront accompagnés d'une situation des recettes et des dépenses effectuées dans le département (modèle n° 22).

Au 31 décembre, ou à la date de la remise de service en cas de mutation du receveur de l'Assistance publique, les titres sur lesquels figureraient encore des créances restant à recouvrer, accompagnés d'état de restes (modèle n° 3), seront renvoyés par les percepteurs aux trésoriers généraux ; ces titres et états de restes seront transmis au receveur de l'Assistance publique avec les états récapitulatifs (modèle n° 4) dressés pour chaque arrondissement par les receveurs des finances et une récapitulation générale (modèle n° 4 modifié manuscritement) établie pour l'ensemble du département. Notification sera faite ultérieurement par le receveur de l'Assistance publique, aux trésoriers généraux, des sommes admises en non valeur ainsi que des créances à reporter à l'exercice suivant, dont ils devront poursuivre le recouvrement.

Les recettes effectuées au titre des deniers pupillaires, pour le compte du receveur de l'Assistance publique, seront constatées dans les écritures des trésoreries générales au crédit d'un compte à ouvrir, sous le n° 40, dans la première catégorie des correspondants administratifs et qui prendra le titre de «Divers départements ; L/C de recouvrements de deniers pupillaires ».

Ce compte sera, en outre, crédité des sommes qui seraient envoyées par le receveur de l'Assistance publique, ainsi que des fonds provenant de retraits opérés aux caisses d'épargne.

A ce propos, il est fait remarquer que, bien que les comptes individuels soient tenus par le receveur de l'Assistance publique à Paris, les livrets de caisses d'épargne privées établis aux noms des pupilles du département de la Seine seront confiés à la garde des trésoriers généraux des départements dans lesquels sont situées les caisses que ces livrets concernent. Il ne sera, toutefois, passé aucune écriture à cette occasion; les trésoriers généraux se borneront à accuser réception au receveur de l'Assistance publique des livrets qui leur seront remis.

Les opérations constatées au crédit du compte n° 40 seront, comme celles des autres comptes de correspondants administratifs, justifiées par un état détaillé des récépissés délivrés.

Dépenses. — Indépendamment des dépenses diverses (dépenses effectives, avances de frais de poursuites ou de procédure, etc.), relatives à la gestion des biens des pupilles, qu'ils pourront être appelés à acquitter pour le compte du receveur de l'Assistance publique, les trésoriers généraux auront à effectuer, aux caisses d'épargne privées, des versements aux noms de ces pupilles.

Ces dépenses et versements, ainsi que les envois de fonds au receveur de l'Assistance publique concernant le service des deniers pupil-laires, seront constatés au débit du compte précité « Divers départements L/C de recouvrements de deniers pupillaires». Ce compte ne pourra normalement présenter qu'un solde créditeur; il sera, s'il y a lieu, soldé trimestriellement par l'émission d'un mandat sur le Trésor, exempt de timbre, à l'ordre du receveur de l'Assistance publique à Paris.

Les opérations constatées au débit du compte n° 40 seront justifiées par les quittances du receveur de l'Assistance publique. A cette fin, les pièces de dépenses acquittées seront transmises au receveur de l'Assistance publique, en même temps que la situation mensuelle modèle n° 22, dont il vient d'être question.

L'état semestriel de développement du solde du compte «Divers départements; L/C de recouvrements de deniers pupillaires » sera appuyé d'une situation sommaire des recettes et des dépenses (modèle n° 22 *bis*), visée par le receveur de l'Assistance publique.

Opérations à effectuer avec les caisses d'épargne. — D'une façon géné-rale, les différentes opérations à effectuer avec les caisses d'épargne privées auront lieu suivant un mode analogue à celui qui a été tracé à propos de la gestion des biens des pupilles du département, mais seulement en vertu d'indications précises du receveur de l'Assistance publique.

Pour les versements, ce comptable adressera au trésorier général, en double expédition, un bordereau (modèle n° 23) indiquant la somme à verser pour le compte de chaque pupille. Si le solde créditeur du compte « Divers départements; L/C de recouvrements de deniers pupillaires » est suffisant, le trésorier général délivrera au titre du compte « Caisse des dépôts et consignations (caisses d'épargne et de prévoyance) », le réci-pissé dont il a été fait mention pour les versements aux livrets des pupilles du département; il complétera les deux expéditions du bordereau de versement par l'inscription, dans la formule d'accusé de réception, du numéro et du montant dudit récépissé et les remettra, ainsi que les livrets nécessaires, à la caisse d'épargne intéressée. Ces expéditions, revêtues de l'accusé de réception de la caisse d'épargne, seront renvoyées au trésorier général, savoir: l'une aussitôt que l'envoi aura été vérifié, l'autre, lorsque les livrets seront adressés à la trésorerie générale, après inscrip-tion des versements. L'une d'elles sera transmise au receveur de l'Assis-tance publique à l'appui de la situation mensuelle des dépenses.

De plus, et par application de l'article 17 du décret, les trésoriers généraux devront, tous les ans, dans le courant du mois de mars, remettre aux caisses d'épargne, pour l'inscription des intérêts, les livrets des pupilles du département de la Seine dont la garde leur est confiée. L'envoi de ces livrets aux caisses d'épargne sera accompagné d'un bordereau (modèle n° 24) qui aura été établi en double expédition par le receveur de l'Assistance publique. L'une des expéditions sera renvoyée à ce comptable par le trésorier général dès que celui-ci aura pu la compléter par l'indication des intérêts inscrits sur les livrets. Il va de soi que les trésoriers généraux n'auront à passer aucune écriture à ce sujet; mais avant de faire le renvoi dont il vient d'être question de l'expédition du bordereau modèle n° 24, ils auront soin de s'assurer que les sommes inscrites dans la colonne 4 sont égales au solde que présentaient les livrets antérieurement à l'inscription des intérêts. Ce rapprochement permettra en effet au receveur de l'Assistance publique de contrôler annuellement ses écritures.

Pour les remboursements, le trésorier général recevra dans les mêmes conditions que ci-dessus un bordereau (modèle n° 25), en double expédition fixant le montant du retrait à opérer au nom de chaque pupille. ou, dans le cas de remboursement total, portant dans la colonne observations la mention « Remboursement intégral » (v. paragraphe 11). Ces bordereaux seront accompagnés d'une ampliation de l'arrêté du préfet de la Seine autorisant les retraits. Le récépissé de somme égale au montant des retraits, qui sera délivré au titre du compte « Divers départements; •L/C de recouvrements de deniers pupillaires », sera remis à la caisse d'épargne en échange de sa quittance de retraits de fonds. L'une des expéditions du bordereau revêtue, comme précédemment, de l'accusé de réception de la caisse d'épargne, et sur laquelle le trésorier général aura, en outre, inscrit la date du remboursement, sera jointe à la situation mensuelle, à l'appui des recettes.

Les titres de rente provenant d'achats effectués par les caisses d'épargne seront transmis, avec les bordereaux d'achat de la Chambre syndicale des agents de change, au receveur de l'Assistance publique, qui en accusera réception.

XXV
Opérations
que les trésoriers généraux
auront à effectuer
pour le compte de leurs collègues.

Certains services d'assistance se sont trouvés, pour les mêmes motifs que l'administration de l'Assistance publique, dans l'obligation de placer hors de leur département les enfants qui leur étaient confiés. Il ne sera rien changé à cette pratique.

Les comptes individuels seront tenus par le trésorier général du département d'immatriculation des enfants et, par analogie, avec ce qui a été admis pour l'administration de l'Assistance publique, les trésoriers généraux du lieu de placement des enfants recouvreront pour le compte de leurs collègues les sommes dues à titre de rémunération du travail.

Les règles relatives à ces recouvrements sont les mêmes que celles qui viennent d'être tracées, concernant les recettes à effectuer pour le compte du receveur de l'Assistance publique et les opérations seront également constatées dans la comptabilité du trésorier général qui aura servi d'intermédiaire, au compte précité « Divers départements ;˙L/C de recouvrements de deniers pupillaires ». De même, les dépenses diverses (dépenses effectives, avances de frais de poursuites ou de procédure, etc.) que les trésoriers généraux seront appelés à acquitter pour le compte de leurs collègues seront appliquées au débit de ce compte.

Mais contrairement aux indications contenues dans le paragraphe précédent, le compte « Divers départements; L/C de recouvrements de deniers pupillaires » sera, pour les opérations concernant les pupilles des départements autres que celui de la Seine, soldé tous les dix jours par l'émission de mandats sur le Trésor, les livrets de caisse d'épargne étant, sans exception, conservés par le trésorier général du département d'immatriculation.

Les titres de recettes, établis par circonscription de perception, qui auront été transmis aux différents comptables chargés d'assurer l'encaissement, devront également faire retour au trésorier général du département d'immatriculation ; ils seront de même, pour ce renvoi, accompagnés des états de recouvrements des percepteurs.

Les recettes et les dépenses feront l'objet d'une situation décadaire (modèle n° 26) sur laquelle figurera, s'il y a lieu, en dépenses, le mandat sur le Trésor émis en vue de solder le compte.

Après vérification des pièces transmises à l'appui de la situation décadaire, le trésorier général du département d'immatriculation des pupilles fera recette, aux différents comptes que les produits concernent, de l'ensemble des recouvrements signalés, et adressera son récépissé comptable à son collègue qui le produira en justification du débit du compte « Divers départements ; L/C de recouvrements de deniers pupillaires ».

Si, exceptionnellement, les dépenses étaient supérieures aux recettes, le trésorier général du département d'immatriculation des pupilles aurait à remettre à son collègue, en même temps que son récépissé comptable correspondant à l'ensemble des recettes, un mandat sur le Trésor de somme égale à l'excédent des dépenses. Le débit du compte « Divers départements ; L/C de recouvrements de deniers pupillaires » sera alors justifié pour partie à l'aide du récépissé dont il vient d'être question, et pour le surplus par le récépissé que délivrera au titre de ce même compte, et en contre valeur du mandat sur le Trésor, le trésorier général qui aura servi d'intermédiaire.

Des modèles spéciaux (modèles H et I) ont été établis pour les titres de perception et les états récapitulatifs des titres de perception concernant les créances dont les trésoriers généraux auront à assurer le recouvrement pour le compte de leurs collègues. Quant aux autres imprimés (états de restes, états de recouvrements, registres de comptabilité, etc.) ils sont les mêmes que ceux dont le modèle est donné pour les opérations concernant les pupilles de la Seine (modèles n°s 3, 4, 18, 19, 20 et 21).

Il est indiqué dans les deux paragraphes qui précèdent que les opérations effectuées pour le compte des pupilles des divers départements seront centralisées par les trésoriers généraux au compte « Divers départements ; L/C de recouvrements de deniers pupillaires » qui sera ouvert dans ce but parmi les comptes des correspondants administratifs.

Le même compte «Divers départements ; L/C de recouvrements de deniers pupillaires » sera ouvert dans les recettes des finances au paragraphe premier des comptes de correspondants de la trésorerie générale.

Les recettes effectuées seront constatées au crédit de ce compte qui sera soldé tous les dix jours par le transport au compte courant du trésorier général.

Quant aux dépenses, il va de soi qu'elles seront, suivant la règle, imputées au compte général « Pièces de dépenses ».

XXVI
Écritures.

TITRE III

DISPOSITIONS GÉNÉRALES

Aux termes de l'article 3 du décret, les percepteurs participent au fonctionnement du service des deniers pupillaires. Cette participation,

XXVII
Intervention des percepteurs.

réglée par la présente instruction, est limitée aux seules opérations de recouvrement, qu'il s'agisse des pupilles du département ou des pupilles immatriculés dans d'autres départements.

Pour suivre ces opérations les percepteurs tiendront des carnets de prise en charge (modèle n° 6 pour les pupilles du département et modèle n° 20 pour les pupilles de la Seine ou des autres départements sur lesquels ils transcriront avec le plus grand soin le détail des titres de perception qui leur parviendront.

Sur ces carnets seront en outre très régulièrement notés :

1° En regard de chaque créance les recouvrements effectués et, s'il y a lieu, les sommes admises en non valeurs ou à reporter à la gestion suivante. Dans ce dernier cas, lorsqu'une décision sera intervenue, concernant les restes à recouvrer, les percepteurs recevront des receveurs des finances les indications (état de restes modèle n° 3) leur permettant d'annuler sur le carnet de l'ancienne gestion les créances admises en non valeurs ainsi que les créances reportées à la gestion suivante et de reproduire en même temps ces dernières créances sur le carnet de la nouvelle gestion.

2° Dans la colonne « Observations » les dates des avertissements qu'ils auront adressés aux débiteurs, la nature et les dates des poursuites engagées, etc..

3° Dans la colonne intitulée « Rattachements », les titres de perception précédemment émis, à consulter le cas échéant, pour déterminer le total des sommes dues par un même débiteur.

Les percepteurs devront, d'autre part, porter sur les titres eux-mêmes les recouvrements opérés.

Ils comprendront les recettes effectués dans leur plus prochain versement, ces recettes seront détaillées sur des états de recouvrement (modèle n° 2 pour les pupilles du département et modèle n° 21 pour les pupilles de la Seine et des autres départements) auxquels seront joints les titres de perception dont le montant se trouverait entièrement recouvré.

Dans le cas où un titre intégralement recouvré figurerait pour son total dans le versement, il n'y aurait pas lieu de reproduire le détail des recettes y énoncées sur l'état modèle n° 2 ou 21 ; il suffirait d'inscrire le montant du titre sur cet état qui serait simplement annoté de la mention « Détail sur le titre ci-joint ».

A la date du 31 décembre, les titres de perception sur lesquels figureraient encore des sommes restant à recouvrer seront remis aux receveurs des finances. De même, en cas de mutation de trésorier général ou du receveur de l'Assistance publique, les titres concernant les pupilles du département dans lequel la mutation se sera produite, seront renvoyés par les percepteurs à leur chef de service.

Ces envois seront accompagnés d'états, distincts par département, des créances restant à recouvrer ou à verser (modèle n° 3), soit à la date du 31 décembre, soit au jour de la remise de service. Les sommes que les percepteurs auraient recouvrées depuis le dernier versement de décembre ou depuis le dernier versement qui a précédé la remise du service à un nouveau trésorier général ou à un nouveau receveur de l'Assistance publique seront, pour la concordance des écritures, considérées comme restant à recouvrer au 31 décembre ou à la date de la remise du service, et reportées par suite à la gestion suivante.

Si des versements leur étaient offerts en l'absence de titre de perception, les percepteurs devraient les accepter, sauf à aviser, dans le moindre délai, leur chef de service de la recette qu'ils ont effectuée. Celui-ci aurait à leur notifier ultérieurement la date et le numéro du titre émis, de façon à leur permettre de compléter leurs prises en charge.

Les poursuites, lorsqu'il s'agit du recouvrement des gages des pupilles, ont lieu comme en matière de contributions directes; quant aux autres créances, elles sont soumises au droit commun. Les percepteurs devront toutefois, dans tous les cas, se conformer aux indications de leur chef de service, auquel ils devront du reste, signaler, aussitôt qu'elles se produiront, les difficultés qu'ils pourraient rencontrer pour le recouvrement des créances de toute nature.

Les frais de poursuites qui seraient recouvrés en l'absence de titres de perception seront inscrits sur l'état des recettes modèle n° 2 et sur le carnet de prises en charge, modèle n° 6, dans la colonne des « Frais divers avancés pour le compte des pupilles », à la suite des créances pour lesquelles des titres de perception ont été émis.

Les quittances à souche que les percepteurs délivreront pour quelque catégorie de produits que ce soit sont exemptes de timbre s'il y est mentionné qu'il s'agit de deniers pupillaires.

Pour la constatation dans la comptabilité des percepteurs des diverses opérations relatives à la gestion des deniers pupillaires, les comptes ci-après seront ouverts à la 2ᵉ section du livre des comptes divers, savoir :

1° service départemental (deniers pupillaires) ;

2° divers départements, L/C de recouvrements de deniers pupillaires.

Le premier de ces comptes prendra place à la suite du compte « Service départemental », le second sera inscrit à la suite du compte « Produits divers du budget recouvrés pour le compte du receveur des finances » ; ils seront tenus conformément au modèle P 2ᴹ.

XXVIII
Frais de service.

Conformément à l'article 25 du décret, le Ministre, après avis de son collègue de l'Intérieur a, par un arrêté en date du 29 mai 1909, déterminé les conditions dans lesquelles seront remboursées aux trésoriers généraux, les dépenses occasionnées par le service des deniers pupillaires.

Ce remboursement sera opéré par mandatements sur les fonds du département dans lequel les pupilles sont immatriculés (chapitre des enfants assistés, frais de recouvrement et de gestion des deniers pupillaires); il portera sur les frais d'imprimés et sur les frais de personnel.

1° — *Frais d'imprimés*. Les trésoriers généraux approvisionneront des imprimés nécessaires les comptables sous leurs ordres. Ils feront l'avance du prix d'achat de ces imprimés, par le débit de leurs fonds particuliers, au compte «Avances diverses» (circulaire du 31 décembre 1906, § 4) ; ces avances leur seront remboursées dans les conditions indiquées ci-dessus, soit en fin de semestre, soit lors de la remise de service en cas de mutation. Dans ce but, ils produiront aux préfets des départements intéressés des relevés détaillés, non timbrés, indiquant le nombre, la nature et le prix par unité des imprimés utilisés au cours du semestre ou jusqu'au jour de la mutation. Ces relevés seront récapitulés sur un état des frais conforme au modèle donné ci-après (modèle n° 27).

L'attention des trésoriers généraux est appelée sur ce point que les dépenses de l'espèce n'étant pas imputables sur le fonds d'abonnement (matériel) des trésoreries générales, elles ne devront pas être comprises sur le relevé annuel des frais de gestion de toute nature produit chaque année dans le courant du mois d'avril.

Il est bien entendu que dans le cas de remise de service, les imprimés restant en stock à la trésorerie générale et dont le prix, non encore remboursé par le département figurera en solde au compte « Avances diverses », ouvert dans la comptabilité des fonds particuliers, feront l'objet d'un inventaire et d'une cession spéciale.

2° — *Frais de personnel*. L'arrêté du 29 mai 1909 ci-dessus visé, a fixé ainsi qu'il suit, l'allocation forfaitaire attribuée aux trésoriers généraux, en remboursement des frais de personnel occasionnés par le service des deniers pupillaires, savoir: un franc par compte ouvert à la trésorerie générale, pour tout enfant immatriculé, et jusqu'au 1.500e compte; 75 centimes du 1.501e au 2.500e compte et 50 centimes au delà du 2.500e compte.

L'allocation acquise pour l'année sera calculée, d'après le nombre de comptes ouverts au 1er janvier de ladite année. Elle sera considérée comme spécialement affectée au remboursement des frais de gestion des trésoriers généraux, et viendra par suite en augmentation du fonds d'abonnement alloué par le Trésor pour la rémunération du personnel auxiliaire.

Dans un but de simplification les trésoriers généraux feront l'avance sur leurs fonds particuliers. de la fraction de l'allocation qu'ils auront à payer mensuellement à leurs employés. et comme pour les frais d'imprimés ils se feront rembourser par le département, soit lors de la remise de service, soit semestriellement, des sommes avancées. Le mandat émis à cet effet sur les fonds départementaux sera appuyé de l'état des frais (modèle n° 27) relatant le nombre de comptes ouverts au 1er janvier de l'année en cours, établi par le trésorier général et dûment certifié par le préfet.

Par exception, l'allocation proportionnelle (cinq douzièmes de l'allocation annuelle) acquise pour les mois d'août à décembre 1909 sera calculée d'après le nombre de comptes ouverts à la trésorerie générale au moment de la remise du service par les receveurs d'hospices.

XXIX
Allocations aux percepteurs.

L'arrêté du 29 mai 1909 spécifie en outre qu'une indemnité de 0 fr. 50 p. 100 sera allouée aux percepteurs sur le montant des recouvrements opérés.

Cette indemnité sera payée par le département d'immatriculation des pupilles, sur la production de l'état récapitulatif annuel (modèle n° 28), appuyé d'états décomptés par les percepteurs et dûment visés par le receveur des finances (modèle n° 29). En cas de mutation, le percepteur en fonctions au 31 décembre dressera pour chacun des titulaires, qui se sont succédé au cours de l'année, un décompte des indemnités acquises.

Le mandat émis sur les fonds départementaux au titre des « Frais de recouvrement et de gestion des deniers pupillaires » sera établi au nom du trésorier général, à charge par celui-ci de rapporter à l'appui de la dépense les décomptes des percepteurs dûment quittancés. Ces décomptes sont dispensés du timbre.

XXX
Timbre et enregistrement
des documents et actes
relatifs
à la gestion des deniers pupillaires.

La loi du 27 juin 1904 a affranchi des impôts du timbre et de l'enregistrement certains actes (actes d'émancipation, comptes de tutelle, actes relatifs à la constitution d'une tutelle officieuse, contrat de placement) spécialement désignés par des dispositions particulières. telles que celles des art. 13, 16, 18 et 26; mais elle dispose en outre, dans son article 54, d'une manière générale et sans limitation, que les « certificats, significations, jugements, contrats, quittances et autres actes faits en vertu de la loi et exclusivement relatifs au service des enfants assistés sont dispensés du timbre et enregistrés gratis, lorsqu'il y a lieu à la formalité de l'enregistrement. »

L'administration de l'Enregistrement, des Domaines et du Timbre, consultée sur le point de savoir si cette immunité fiscale s'étend aux certificats, actes et quittances auxquels pourront donner lieu les opérations réglementées par le décret du 19 mai 1909, s'est prononcée dans le sens de l'affirmative. Cette solution est basée sur ce que les pièces dont il s'agit n'ont en vue que la constatation des droits des pupilles, le recouvrement des créances pupillaires ou l'emploi des deniers provenant de ce recouvrement, toutes opérations qui se rattachent directement au fonctionnement du service de l'Assistance dans ses rapports avec les enfants confiés à ses soins.

Toutefois, il est indispensable, pour que l'exemption d'impôts soit applicable, que les actes, expéditions ou autres pièces en question contiennent en eux-mêmes la preuve qu'ils se rapportent exclusivement à l'administration des personnes ou des biens des enfants assistés. •

Les trésoriers généraux devront en conséquence examiner à ce point de vue, avec le plus grand soin, les actes qui leur seront produits et ne pas omettre de faire mentionner sur les récépissés, quittances et pièces de toute nature qui seront établis en exécution de la présente instruction qu'ils concernent le service des enfants assistés.

La présente instruction est adressée à la trésorerie générale au nombre de cinq exemplaires pour ses bureaux et d'un exemplaire pour chaque recette des finances.

Le Conseiller d'État,

Directeur général de la comptabilité publique,

Signé : G. PRIVAT-DESCHANEL.

Approuvé :

Paris, le 15 juin 1909.

Le Ministre des Finances,

Signé : J. CAILLAUX.

NOMENCLATURE DÉTAILLÉE

DES

JUSTIFICATIONS RELATIVES A LA COMPTABILITÉ

DES DENIERS PUPILLAIRES

NUMÉROS DES COMPTES	TITRES DES COMPTES	DESCRIPTION DES OPÉRATIONS	PIÈCES A PRODUIRE PAR LE TRÉSORIER GÉNÉRAL	
			A L'APPUI DES RECETTES	A L'APPUI DES DÉPENSES
1	2	3	4	5
1	**DENIERS PUPILLAIRES** ARTICLE 1er. — Sommes trouvées sur les pupilles remises en leur nom au moment de l'abandon ou qui leur adviennent au cours de leur minorité. ART. 2. — Produit du travail des pupilles. ART. 3. — Revenus de tous les biens meubles et immeubles, sans distinction d'origine, quand le pupille est âgé de 18 ans, et des seuls biens provenant de son travail et de ses économies s'il n'a pas encore atteint cet âge.	**Ce compte est crédité :** 1° Des sommes trouvées sur le pupille ou remises en son nom au moment de l'abandon et de celles qui lui adviennent au cours de sa minorité; 2° Du produit de son travail (déduction faite des sommes affectées à la vêture, aux menues dépenses et à l'argent de poche); du montant des économies faites sur la vêture; du montant des économies faites par le pupille sur son argent du poche. 3° Des revenus de tous les biens meubles (1) et immeubles appartenant au pupille, s'il est âgé de 18 ans et, sans condition d'âge, des revenus des biens et capitaux provenant de son travail, de ses économies. **Il est débité :** 1° Des versements de deniers pupillaires à la caisse d'épargne ainsi que des intérêts inscrits sur les livrets; 2° Des deniers directement employés en achats de rente; 3° Des sommes provenant soit des économies du pupille, soit de libéralités et qui seraient employées, conformément aux intentions des pupilles ou des donateurs autrement qu'en versements à la caisse d'épargne ou en achats de rente. (Versements à la caisse des retraites pour la vieillesse) par exemple. 4° Du montant des dépenses effectuées au moyen de deniers pupillaires qui n'ont pas encore fait l'objet d'un placement à la caisse d'épargne. 5° Des sommes encaissées au titre des deniers pupillaires et qui avant d'avoir pu être placées à la caisse d'épargne devraient être remises, soit au pupille devenu majeur ou émancipé, soit aux parents ou au nouveau tuteur dans le cas où l'enfant quitterait le service, soit enfin à ses héritiers ou au département si le pupille venait à décéder, ou consignées à la caisse des dépôts, soit par suite de la disparition de l'enfant, soit parce que le pupille devenu majeur refuserait de les toucher. (1) Il faut comprendre parmi les revenus des biens meubles les intérêts des livrets de la caisse d'épargne.	Bordereau récapitulatif modèle n° 20, renfermant les pièces ci-après: 1° *Titres de recettes* (modèles A, B ou H suivant le cas) dûment arrêtés par le préfet, mentionnant les recouvrements effectués et appuyés des justifications suivantes: *a) Pour les recettes de l'article premier:* expédition du procès-verbal contenant inventaire des sommes trouvées sur le pupille ou remises en son nom au moment de l'abandon, ou copie des donations ou testaments, ou mention de référence si ces pièces sont produites à l'appui d'un autre compte. *b) Pour les recettes des articles 2 et 3:* *Première année de l'exécution des contrats, baux, etc.,* copie ou extrait certifié des dits contrats, baux, etc. *Années suivantes:* indication sur le titre de recette de l'exercice pendant lequel les copies ou extraits ont été produits. *Dernière année:* les contrats, baux, etc. eux-mêmes. *c) Pour les intérêts capitalisés sur les livrets de caisse d'épargne:* certificat du préfet visant l'état modèle n° 16. 2° *État des restes à recouvrer* (modèle n° 15).	Bordereau récapitulatif n° 33, appuyé de: 1° VERSEMENTS A UNE CAISSE D'ÉPARGNE: a) Bordereau de versement (modèle n° 7 ou n° 10). b) Récépissé constatant l'application du versement au compte *Pupilles du département; L/C de livrets de caisse d'épargne.* 2° INTÉRÊTS CAPITALISÉS SUR LES LIVRETS: a) Référence au certificat du préfet produit à l'appui de la recette. b) Récépissé constatant l'application des intérêts au compte *Pupilles du département; L/C de livrets de caisse d'épargne.* 3° ACHATS DE RENTE: a) Arrêté préfectoral visant l'art. 15 de la loi du 27 juin 1904. b) Bordereau d'achat de la chambre syndicale des agents de change. c) Récépissé constatant l'application au compte *Produits de l'aliénation des biens meubles et immeubles* du reliquat non employé. d) Récépissé constatant l'application au compte *Pupilles du département; L/C de titres, valeurs et objets précieux* du montant (chiffre annuel de rente) de la rente achetée.

NUMÉROS DES COMPTES	TITRES DES COMPTES	DESCRIPTION DES OPÉRATIONS	PIÈCES A PRODUIRE PAR LE TRÉSORIER GÉNÉRAL	
			A L'APPUI DES RECETTES	A L'APPUI DES DÉPENSES
1	2	3	4	5
1	**DENIERS PUPILLAIRES** (Suite.)			4° VERSEMENTS A LA CAISSE DES RETRAITES POUR LA VIEILLESSE: *a*) Arrêté préfectoral autorisant le versement, et relatant le désir du pupille ou visant la dotation ou le testament. *b*) Déclaration du récépissé souscrit au titre de la caisse des dépôts, dûment visée par le Préfet. *c*) Référence à la copie de la donation ou du testament produite à l'appui de la recette du présent compte (2°) ou du compte n° 4 *Pupilles du département: L/C de titres, valeurs et objets précieux* (1°). *d*) Récépissé constatant l'application du versement au compte *Pupilles du département; L/C de titres, valeurs et objets précieux.* 5° DÉPENSES EFFECTIVES: *a*) Arrêté préfectoral autorisant la dépense. *b*) Mémoire ou facture. *c*) Quittance de la partie prenante. 6° REMISE AUX AYANTS DROIT DE SOMMES NON PLACÉES A LA CAISSE D'ÉPARGNE: *a*) Arrêté préfectoral visant l'art. 23 du décret. *b*) Compte de tutelle appuyé, en cas de contestation, d'une copie du jugement d'homologation, revêtu de la quittance des ayants droit et accompagné, s'il y a lieu, du procès-verbal contenant inventaire des sommes, titres, valeurs et bijoux trouvés sur le pupille ou remis en son nom au moment de l'abandon ou de copies des donations ou testaments. S'il s'agit d'enfants maltraités ou moralement abandonnés rendus à leurs parents, copie du jugement qui restitue la puissance paternelle. Si à la tutelle du Préfet succède une tutelle officieuse ou de droit commun, délibération du nouveau conseil de famille de l'enfant prenant acte de la remise de l'actif du pupille, et copie de la délibération du conseil de famille de l'assistance publique autorisant le transfert de la tutelle. *c*) S'il y a lieu, acte de décès du pupille accompagné des pièces ordinaires établissant les droits des héritiers ou légataires ou mention de référence si ces pièces sont produites à l'appui d'un autre compte. 7° CONSIGNATION DES SOMMES NON PLACÉES A LA CAISSE D'ÉPARGNE, EN CAS DE DISPARITION DU PUPILLE: *a*) Arrêté préfectoral visant l'art. 24 du décret. *b*) Délibération du conseil de famille autorisant la consignation.

NUMÉROS DES COMPTES	TITRES DES COMPTES	DESCRIPTION DES OPÉRATIONS	PIÈCES A PRODUIRE PAR LE TRÉSORIER GÉNÉRAL	
			A L'APPUI DES RECETTES	A L'APPUI DES DÉPENSES
1	2	3	4	5
1	**DENIERS PUPILLAIRES** (Suite.)			c) Compte de tutelle accompagné, s'il y a lieu, du procès-verbal contenant inventaire des sommes, titres, valeurs et bijoux trouvés sur le pupille ou remis en son nom au moment de l'abandon, ou de copies des donations ou testaments. d) Récépissé de la caisse des dépôts et consignations. Si ces pièces sont produites à l'appui d'un autre compte, mention de référence. 8° CONSIGNATION DES SOMMES NON PLACÉES A LA CAISSE D'ÉPARGNE, QUE LE PUPILLE, DEVENU MAJEUR, REFUSERAIT DE TOUCHER: a) Copie des décisions de justice autorisant la consignation. b) Récépissé de la caisse des dépôts et consignations. 9° APPLICATION AU DÉPARTEMENT DES DENIERS FAISANT PARTIE DES SUCCESSIONS QUI LUI SONT DÉVOLUES a) Arrêté préfectoral visant l'art. 41 de la loi. b) Compte de tutelle accompagné, s'il y a lieu, du procès-verbal contenant inventaire des sommes, titres, valeurs et bijoux trouvés sur le pupille ou remis en son nom au moment de l'abandon, ou de copies des donations ou testaments. c) Acte de décès du pupille. d) Engagement souscrit par le préfet au nom du département, de rembourser aux intéressés qui feraient valoir leurs droits, les sommes appréhendées (principal et intérêts courus depuis le jour de la prise de possession). e) Récépissé constatant la recette au compte départemental. Si ces pièces sont produites à l'appui d'un autre compte, mention de référence.

NUMÉROS DES COMPTES	TITRES DES COMPTES	DESCRIPTION DES OPÉRATIONS	PIÈCES A PRODUIRE PAR LE TRÉSORIER GÉNÉRAL	
1	2	3	A L'APPUI DES DÉPENSES 4	A L'APPUI DES RECETTES 5
2	**PRODUIT DE L'ALIÉNATION DES BIENS MEUBLES ET IMMEUBLES APPARTENANT AUX PUPILLES**	**Ce compte est crédité :** 1° Du produit de l'aliénation des biens meubles ou immeubles et du montant des valeurs remboursées. 2° Des retraits opérés sur les fonds placés à la caisse d'épargne. 3° Du montant des achats de rentes effectués par les caisses d'épargne et des reliquats sur achats de rentes effectués par les trésoriers généraux. 4° Du produit des emprunts contractés pour le compte du pupille. 5° Du produit de l'aliénation des objets précieux vendus à la suite de la disparition de l'enfant ou que le pupille devenu majeur aurait refusé de retirer. 6° Du montant des livrets de la caisse des retraites de la vieillesse, à capital réservé, qui feraient partie des successions dévolues au département. **Il est débité :** 1° Du montant des dépenses que le conseil de famille aurait décidé d'effectuer au moyen des produits du compte, (paiements d'annuités, d'intérêts d'emprunts, d'amendes et de condamnations pécuniaires, etc.), ainsi que du remboursement des frais divers (frais de poursuites, frais de procédure, etc.) avancés par le département pour le compte du pupille. 2° Des sommes prélevées sur les produits du compte pour être employées en achat de rentes ou bien versées, soit à la caisse nationale des retraites pour la vieillesse, soit à une caisse d'épargne. 3° De la consignation à la caisse des dépôts et consignations du montant des livrets de caisse d'épargne et du prix de vente des objets précieux appartenant au pupille disparu ou que le pupille devenu majeur aurait refusé de retirer. 4° Du versement au budget départemental du montant des livrets de caisse d'épargne, des livrets de la caisse des retraites de la vieillesse, à capital réservé, et du produit de l'aliénation de tous titres et bijoux faisant partie des successions dévolues au département.	Bordereau récapitulatif modèle n° 32 appuyé de : 1° *Titres de recette* (modèle C) dûment arrêtés par le préfet et mentionnant les recouvrements effectués. 2° *Références aux arrêtés préfectoraux* autorisant les opérations et produits à l'appui du compte n° 3, *Pupilles du département ; L/C de livrets de caisse d'épargne*, justification des dépenses (1° a), ou du compte n° 4 *Pupilles du département ; L/C de titres, valeurs et objets précieux* ; justification des dépenses (1° a). 3° *Pour les aliénations de valeurs*, bordereau d'agent de change (1). 4° *Pour les aliénations d'objets précieux*, bordereau établi par la personne désignée pour opérer la vente et indiquant le prix de vente de chaque objet. 4° *Pour les ventes d'immeubles et les emprunts :* a) Arrêtés préfectoraux autorisant les opérations. b) Copie des actes de vente ou d'emprunt.	Bordereau récapitulatif modèle n° 33 appuyé de : 1° Dépenses effectives : A. — *Travaux ou fournitures :* a) Arrêté préfectoral autorisant la dépense. b) Mémoire ou facture. c) Quittance de la partie prenante. B. — *Remboursement au département des frais avancés* (frais de poursuites, frais de procédure, amendes et condamnations pécuniaires, etc.) : a) Arrêté préfectoral autorisant la dépense et visant, s'il y a lieu, la délibération du conseil de famille qui admet à la charge du pupille les frais dont le recouvrement n'a pu être opéré sur le débiteur poursuivi. b) Récépissé constatant la recette au compte *Frais divers avancés pour le compte des pupilles du département.* c) Référence aux pièces produites à l'appui du compte n° 5 *Frais divers avancés pour le compte des pupilles du département.* Dépenses. (États de frais, extraits de jugements, etc.) C. — *Paiement immédiat par le pupille des frais de procédure, frais d'actes, amendes et condamnations pécuniaires à sa charge.* Pièces énoncées au compte n° 5 *Frais divers avancés pour le compte des pupilles du département.* Justification des dépenses, 2° et 3°.

(1) La reconnaissance de vente ou rente justifiant la dépense dans la comptabilité du Trésor au C/ *Divers, L/C de ventes de rentes* devra être appuyée du récépissé constatant l'application du produit de la vente au C/ *Produit de l'aliénation des biens meubles et immeubles.*
Même justification pour les ventes de valeurs diverses, (opérations de fonds particuliers).

NUMÉROS DES COMPTES	TITRES DES COMPTES	DESCRIPTION DES OPÉRATIONS
1	2	3
2	**PRODUIT DE L'ALIÉNATION DES BIENS MEUBLES ET IMMEUBLES APPARTENANT AUX PUPILLES** (Suite.)	

PIÈCES A PRODUIRE PAR LE TRÉSORIER GÉNÉRAL

A L'APPUI DES RECETTES	A L'APPUI DES DÉPENSES
4	5

A L'APPUI DES DÉPENSES :

D. — *Remboursement d'emprunts ou payement d'annuités d'emprunt.*

Quittances portant référence à la copie de l'acte d'emprunt produite à l'appui de la recette.

2° VERSEMENTS A LA CAISSE D'ÉPARGNE :

Bordereau de versement (modèle n° 7 ou 10).

3° ACHATS DE RENTES PAR LES CAISSES D'ÉPARGNE :

a) Bordereau d'achat de la chambre syndicale des agents de change.

b) Récépissé constatant l'application au compte *Pupilles du département; L/C de titres, valeurs et objets précieux*, du montant (chiffre de rente annuelle) de la rente acquise.

4° ACHATS DE RENTES PAR LES TRÉSORIERS GÉNÉRAUX :

a) Arrêté préfectoral visant l'art. 15 de la loi.

b) Bordereau d'achat de la chambre syndicale des agents de change.

c) Récépissé constatant la réintégration au compte *Produits de l'aliénation, etc.*, du reliquat non employé.

d) Déclaration du récépissé (1) constatant l'application au compte *Pupilles du département; L/C de titres, valeurs et objets précieux*, du montant (chiffre de rente annuelle) de la rente achetée.

5° VERSEMENTS A LA CAISSE DES RETRAITES DE LA VIEILLESSE :

a) Arrêté préfectoral visant l'art. 15, 6° de la loi.

b) Délibération du conseil de famille autorisant le versement.

c) Déclaration du récépissé souscrit au titre de la caisse des dépôts, dûment visée par le préfet.

d) Récépissé constatant l'application au compte *Pupilles du département; L/C de titres, valeurs et objets précieux*, du montant du versement.

6° CONSIGNATION EN CAS DE DISPARITION OU DE REFUS DU PUPILLE :

Pièces énumérées au compte n° 1 *Deniers pupillaires*, justification des dépenses, 7° ou 8°.

Si ces pièces sont produites à l'appui d'un autre compte, mention de référence.

7° DÉVOLUTION DES SUCCESSIONS AU DÉPARTEMENT :

Pièces énumérées au compte n° 1 *Deniers pupillaires*, justification des dépenses, 8°.

Si ces pièces sont produites à l'appui d'un autre compte, mention de référence.

---

(1) Le récépissé lui-même sera joint à l'appui de la reconnaissance d'achat de rentes.

NUMÉROS DES COMPTES	TITRES DES COMPTES	DESCRIPTION DES OPÉRATIONS	PIÈCES A PRODUIRE PAR LE TRÉSORIER GÉNÉRAL	
			A L'APPUI DES RECETTES	A L'APPUI DES DÉPENSES
1	2	3	4	5
8	PUPILLES DU DÉPARTEMENT; L/C DE LIVRETS DE CAISSE D'ÉPARGNE	**Ce compte est crédité:** 1° Du montant du livret de caisse d'épargne qui aurait été trouvé sur l'enfant ou remis au moment de l'abandon. 2° Du montant des versements (capital et intérêts) inscrits sur le livret de caisse d'épargne appartenant au pupille. **Il est débité:** 1° Du montant des retraits opérés sur les fonds placés à la caisse d'épargne. 2° Du montant en capital et intérêts du livret remis, soit au pupille devenu majeur ou émancipé, soit au nouveau tuteur si l'enfant quitte le service, soit à ses héritiers dans le cas où il viendrait à décéder. 3° Du montant des achats de rente effectués par la caisse d'épargne.	Bordereau récapitulatif modèle n° 52, appuyé de: *Dans le premier cas:* Expédition du procès-verbal contenant inventaire des titres, valeurs et bijoux trouvés sur l'enfant ou remis en son nom au moment de l'abandon; ou mention de référence si cette pièce est produite à l'appui du compte *Deniers pupillaires.* — Recette — ou du compte *Pupilles du département; L/C de titres, valeurs et objets précieux.* *Dans le second cas:* Pour les capitaux, mention de référence aux bordereaux modèles n°⁵ 7 et 10 produits à l'appui de la dépense constatée, soit au compte *Deniers pupillaires,* soit au compte *Produit de l'aliénation, etc.;* pour les intérêts, référence au certificat du préfet visant l'état modèle n° 16 et produit à l'appui de la recette constatée au compte *Deniers pupillaires.*	Bordereau récapitulatif modèle n° 33, appuyé de: 1° RETRAITS DE FONDS A LA CAISSE D'ÉPARGNE: *a)* Arrêté préfectoral autorisant le retrait et visant, suivant le cas, les articles 15, 5° ou 6°, 16, 1°, ou 11 de la loi du 27 juin 1904, ou l'art. 21 du décret du 19 mai 1909. *b)* Bordereau modèle n° 8 contenant déclaration par le trésorier général que les fonds ont été appliqués au compte *Produit de l'aliénation des biens meubles et immeubles appartenant aux pupilles.* 2° ACHATS DE RENTE PAR LES CAISSES D'ÉPARGNE: Récépissé constatant l'application au compte *Produit de l'aliénation des biens meubles et immeubles, etc.* de la somme employée à l'achat, et référence aux pièces produites à l'appui du dit compte. Dépenses, 3°. 3° REMISE AUX AYANTS DROIT DU LIVRET DE CAISSE D'ÉPARGNE Pièces énumérées au compte n° 1 *Deniers pupillaires,* justification des dépenses, 6°; ou mention de référence si ces pièces sont produites à l'appui d'un autre compte.

NUMÉROS DES COMPTES	TITRES DES COMPTES	DESCRIPTION DES OPÉRATIONS	PIÈCES A PRODUIRE PAR LE TRÉSORIER GÉNÉRAL	
			A L'APPUI DES RECETTES	A L'APPUI DES DÉPENSES
1	2	3	4	5
4	**PUPILLES DU DÉPARTEMENT; L/C DE TITRES, VALEURS ET OBJETS PRÉCIEUX**	**Ce compte est crédité:** 1° De la valeur (1) des titres et objets précieux trouvés sur l'enfant, remis en son nom au moment de l'abandon ou qui lui adviennent au cours de sa minorité. 2° Du montant des placements faits au nom de l'enfant à la caisse nationale des retraites pour la vieillesse. **Il est débité:** 1° De la valeur (1) des titres et objets remboursés ou aliénés. 2° De la valeur (1) des titres et objets précieux lors de leur remise, soit au pupille devenu majeur, soit au nouveau tuteur si l'enfant quitte le service, soit à ses héritiers s'il vient à décéder. 3° De la valeur (1) des titres déposés à la caisse des dépôts et consignations, soit à la suite de la disparition de l'enfant, soit parce que le pupille devenu majeur aurait refusé de les recevoir.	Bordereau récapitulatif modèle n° 32, appuyé de: 1° Expédition du procès-verbal contenant l'inventaire des titres, valeurs et objets trouvés sur l'enfant, ou remis en son nom au moment de l'abandon; ou copie des donations ou testaments; ou mention de référence si ces pièces sont produites à l'appui d'un autre compte. 2° *Pour les rentes achetées*, référence au bordereau d'achat de la chambre syndicale des agents de change. 3° *Pour les livrets de la caisse des retraites*, référence à la déclaration du récépissé souscrit au titre de la caisse des dépôts et consignations, laquelle est produite soit à l'appui du compte *Deniers pupillaires*. Dépenses, 4°, soit à l'appui du compte *Produit de l'aliénation des biens*. Dépenses, 5°.	Bordereau récapitulatif modèle n° 33, appuyé de: 1° REMBOURSEMENT DE TITRES, ET VALEURS OU ALIÉNATION DE TITRES VALEURS ET OBJETS: a) Arrêté du Préfet autorisant le trésorier général à se dessaisir des titres, valeurs ou objets, rappelant la valeur à laquelle ces titres, valeurs ou objets ont été estimés, et, suivant le cas, relatant les circonstances qui motivent le remboursement, ou visant les articles 15, 5° ou 6°, 16, 1°, ou 41 de la loi du 27 juin 1904, ou l'article 5 de la loi du 27 février 1880, ou enfin l'article 24 du décret du 19 mai 1909. S'il s'agit de la vente d'objets précieux, l'arrêté devra en outre désigner la personne (de préférence un commissaire-priseur) qui est chargé d'effectuer cette vente. b) Déclaration du récépissé constatant l'application des sommes provenant du remboursement ou de l'aliénation au compte *Produit de l'aliénation des biens meubles et immeubles* et relatant la valeur pour laquelle les titres et objets avaient été entrés dans le portefeuille. c) Reçu donné par la personne désignée pour effectuer la vente des objets précieux et constatant la remise à elle faite de ces objets. 2° REMISE AUX AYANTS DROIT DES TITRES, VALEURS ET OBJETS: Pièces énumérées au compte n° 1 *Deniers pupillaires*, justification des dépenses, 6°; ou mention de référence si ces pièces sont produites à l'appui d'un autre compte.

(1) La valeur dont il s'agit est celle qui a été déterminée par le procès-verbal d'entrée en portefeuille.

NUMÉROS DES COMPTES	TITRES DES COMPTES	DESCRIPTION DES OPÉRATIONS	PIÈCES A PRODUIRE PAR LE TRÉSORIER GÉNÉRAL	
			A L'APPUI DES RECETTES	A L'APPUI DES DÉPENSES
1	2	3	4	5
4	**PUPILLES DU DÉPARTEMENT; L/C DE TITRES, VALEURS ET OBJETS PRÉCIEUX** (Suite.)			3° DÉPÔT A LA CAISSE DES DÉPÔTS ET CONSIGNATIONS DES TITRES ET VALEURS: Pièces énumérées au compte n° 1 *Deniers pupillaires*, justification des dépenses, 7° ou 8°; ou si ces pièces sont produites à l'appui d'un autre compte, mention de référence. 4° REMISE AU PRÉFET, EN CAS DE DISPARITION DU PUPILLE, DU LIVRET DE LA CAISSE DES RETRAITES DE LA VIEILLESSE: *a*) Arrêté préfectoral visant l'article 24 du décret. *b*) Délibération du conseil de famille autorisant la remise du livret au Préfet. *c*) Compte de tutelle accompagné, s'il y a lieu, du procès-verbal contenant l'inventaire des sommes, titres, valeurs et bijoux trouvés sur le pupille ou remis en son nom au moment de l'abandon, ou de copies des donations ou testaments. Mention de référence si ces pièces sont produites à l'appui d'un autre compte. *d*) Reçu du Préfet.
5	**FRAIS DIVERS AVANCÉS POUR LE COMPTE DES PUPILLES DU DÉPARTEMENT**	**Ce compte est débité:** 1° Du montant des frais divers (frais de poursuites, frais de procédure, dépenses diverses etc.) dont le département fait l'avance pour le compte du pupille. 2° Du versement aux produits éventuels départementaux des excédents de recettes qui proviendraient du recouvrement des frais de poursuites exercés par la poste. **Il est crédité:** 1° Du recouvrement, sur les débiteurs solvables, des frais avancés; 2° Du remboursement, au moyen de fonds prélevés sur l'avoir du pupille, des frais avancés. 3° Des frais qui, n'ayant pu être recouvrés sur les débiteurs poursuivis, ni remboursés par le pupille dont l'avoir serait nul ou insuffisant, sont définitivement imputés sur les crédits du budget départemental (1). (1) Dans ce cas, le mandat émis sur le budget départemental devra être appuyé: 1° du récépissé délivré au titre du compte *Frais divers avancés, etc.*; 2° des copies certifiées des états de frais, mémoires ou factures produits au soutien de la dépense au compte *Frais divers avancés*, etc.; 3° d'un extrait du compte individuel du pupille justifiant de l'insuffisance de l'actif; 4° s'il y a lieu, de la copie de la délibération du conseil de famille qui admet à la charge du pupille les frais dont le recouvrement n'a pu être opéré sur le débiteur poursuivi.	Bordereau récapitulatif modèle n° 31, appuyé de: Titre de recouvrement (modèle D ou II) mentionnant les recettes effectuées.	Bordereau récapitulatif modèle n° 33, appuyé de: 1° FRAIS DE POURSUITES: A. — *En ce qui concerne les produits du travail, assimilés, pour le recouvrement, aux contributions directes:* *a*) États des frais dressés par les agents de poursuites, dûment arrêtés par le Préfet ou le sous-préfet et revêtus de l'acquit des parties prenantes. *b*) Tarif des frais dûment approuvé par le Préfet. (Le payement des frais de poursuites exercées par la poste sera justifié suivant le mode actuellement en vigueur.)

NUMÉROS DES COMPTES	TITRES DES COMPTES	DESCRIPTION DES OPÉRATIONS	PIÈCES A PRODUIRE PAR LE TRÉSORIER GÉNÉRAL	
			A L'APPUI DES RECETTES	A L'APPUI DES DÉPENSES
1	2	3	4	5
5	**FRAIS DIVERS AVANCÉS POUR LE COMPTE DES PUPILLES DU DÉPARTEMENT** (Suite.)			B. — *Pour les autres produits :* États des frais dûment arrêtés, taxés et revêtus de l'acquit des parties prenantes. 2° FRAIS DE PROCÉDURE : Arrêté du Préfet autorisant la dépense. A. — *Frais de procès :* *a)* État de frais taxé par le juge ou exécutoire de dépens. *b)* Extrait du jugement, arrêt ou transaction qui a mis les frais à la charge du pupille et accordé, s'il y a lieu, distraction au profit de l'avoué qui les a avancés. (La production n'est pas obligatoire si l'exécutoire de dépens établit suffisamment le montant de la condamnation.) *c)* Délibération du conseil de famille et arrêté préfectoral autorisant soit l'abandon des poursuites, soit l'acquiescement au jugement, ou établissant l'irrécouvrabilité des frais mis à la charge du tiers poursuivi. *d)* Quittance des ayants droit. B. — *Frais d'actes notariés :* *a)* État indiquant pour chaque acte les déboursés et honoraires, taxés, s'il y a lieu, et quittancé par le notaire. *b)* Délibération du conseil de famille approuvant l'état des frais s'il s'agit d'actes non susceptibles de taxation. 3° AMENDES ET CONDAMNATION PÉCUNIAIRES QUI NE POURRAIENT ÊTRE IMMÉDIATEMENT ACQUITTÉES PAR LE PUPILLE : *a)* Arrêté du Préfet autorisant la dépense. *b)* Copie de l'extrait de jugement. *c)* Quittance à souche du percepteur. 4° DÉPENSES DIVERSES : *a)* Arrêté préfectoral autorisant la dépense. *b)* Mémoire ou facture. *c)* Quittance de la partie prenante. 5° VERSEMENT AU BUDGET DÉPARTEMENTAL DES EXCÉDENTS DE RECETTES PROVENANT DU RECOUVREMENT DES FRAIS DE POURSUITES EXERCÉES PAR LA POSTE : *a)* Récépissé délivré au titre du budget départemental. *b)* Justifications analogues à celles qui sont déterminées par les instructions spéciales actuellement en vigueur.

NUMÉROS DES COMPTES	TITRES DES COMPTES	DESCRIPTION DES OPÉRATIONS	PIÈCES A PRODUIRE PAR LE TRÉSORIER GÉNÉRAL	
			A L'APPUI DES RECETTES	A L'APPUI DES DÉPENSES
1	2	3	4	5
6	LIVRETS DE CAISSE D'ÉPARGNE APPARTENANT AUX PUPILLES	**Ce compte est débité :** Du montant en capital et intérêts du livret de caisse d'épargne appartenant au pupille. **Il est crédité :** 1° Du montant des retraits opérés sur les fonds placés à la caisse d'épargne. 2° Du montant en capital et intérêts du livret lors de sa remise, soit au pupille devenu majeur, soit au nouveau tuteur si l'enfant quitte le service, soit à ses héritiers s'il vient à décéder. 3° Du montant des achats de rentes effectuées par les caisses d'épargne.		
7	TITRES ET VALEURS APPARTENANT AUX PUPILLES	**Ce compte est débité :** 1° De la valeur (1) des titres trouvés sur l'enfant, remis en son nom au moment de l'abandon ou qui lui adviennent au cours de sa minorité. 2° Du montant des placements faits au nom de l'enfant à la caisse nationale des retraites pour la vieillesse. **Il est crédité :** 1° De la valeur (1) des titres lors de leur remise, soit au pupille devenu majeur, soit au nouveau tuteur, si l'enfant quitte le service, soit enfin à ses héritiers s'il vient à décéder. 2° De la valeur (1) des titres qui, par suite de remboursement ou d'aliénation, disparaîtraient de l'actif du pupille. 3° De la valeur (1) des titres déposés à la caisse des dépôts et consignations soit au cas de disparition de l'enfant, soit parce que le pupille devenu majeur refuserait d'en opérer le retrait.		

(1) La valeur dont il s'agit est celle qui a été déterminée par le procès-verbal et portée au portefeuille.

NUMÉROS DES COMPTES	TITRES DES COMPTES	DESCRIPTION DES OPÉRATIONS
1	2	3
8	**OBJETS PRÉCIEUX APPARTENANT AUX PUPILLES**	**Ce compte est débité :** De la valeur des objets précieux trouvés sur l'enfant, remis en son nom au moment de l'abandon, ou qui lui adviennent au cours de sa minorité. **Il est crédité :** 1° De la valeur (1) des objets précieux lors de leur remise, soit au pupille devenu majeur, soit au nouveau tuteur si l'enfant quitte le service, soit à ses héritiers s'il vient à décéder. 2° De la valeur (1) des objets précieux vendus.

(1) La valeur dont il s'agit est celle qui a été déterminée par le procès-verbal et entrée en portefeuille.

PIÈCES A PRODUIRE PAR LE TRÉSORIER GÉNÉRAL	
A L'APPUI DES RECETTES	A L'APPUI DES DÉPENSES
4	5

TABLEAU

DES

ÉCRITURES RELATIVES A LA COMPTABILITÉ

DES DENIERS PUPILLAIRES

NATURE	ÉCRITURES	ÉCRITURES
DES OPÉRATIONS	DES TRÉSORIERS GÉNÉRAUX	DES RECEVEURS PARTICULIERS
1	2	3
Recouvrement des deniers pupillaires.	Caisse Dépenses publiques, etc. Fonds particuliers (*Crédit foncier, Ville de Paris, coupons divers*). *à* Deniers pupillaires (art. 1, 2 ou 3.)	Caisse. Pièces de dépenses. *à* Deniers pupillaires.
Versement des deniers pupillaires à une caisse d'épargne ou à la caisse des retraites pour la vieillesse. — Achats directs de rente.	Deniers pupillaires (Art. 1, 2 ou 3). *à* Versements des receveurs des postes (Caisse d'épargne postale.) Caisse des dépôts et consignations. { Caisse d'épargne postale. Caisse nationale des retraites de la vieillesse. } Divers; L/C d'achats de rente.	Pièces de dépenses. *à* Caisse des dépôts et consignations.
Entrée en portefeuille du livret de caisse d'épargne trouvé sur l'enfant, remis en son nom au moment de l'abandon ou constitué au moyen de deniers pupillaires.	Livrets de caisse d'épargne appartenant aux pupilles. *à* Pupilles du département; L/C de livrets de caisse d'épargne.	
Application aux deniers pupillaires et au portefeuille des intérêts de fonds placés à la caisse d'épargne.	Livrets de caisse d'épargne appartenant aux pupilles. *à* Deniers pupillaires (Art. 3). Deniers pupillaires (Art. 3). *à* Pupilles du département; L/C de livrets de caisse d'épargne.	
Dépenses effectuées au moyen des deniers pupillaires non placés à la caisse d'épargne ou remise de ces deniers soit au pupille devenu majeur, soit au nouveau tuteur, si l'enfant quitte le service, soit à ses héritiers s'il vient à décéder.	Deniers pupillaires (Art. 1, 2 ou 3.) *à* Caisse.	Pièces de dépenses. *à* Caisse.
Versement à la caisse des dépôts et consignations, à la suite de la disparition de l'enfant, des deniers pupillaires non placés à la caisse d'épargne.	Deniers pupillaires (Art. 1, 2 ou 3). *à* Caisse des dépôts et consignations.	

NATURE DES OPÉRATIONS 1	ÉCRITURES DES TRÉSORIERS GÉNÉRAUX 2	ÉCRITURES DES RECEVEURS PARTICULIERS 3
Encaissement du produit de l'aliénation de biens meubles ou immeubles, du montant des valeurs remboursées, des retraits sur fonds placés à la caisse d'épargne et des emprunts contractés pour le compte du pupille, achats directs de rentes et application des reliquats sur achats directs de rentes.	Caisse. Fonds particuliers. Versement de fonds de subvention aux receveurs des postes. Caisse des dépôts et consignations (Caisses d'épargne privées). Divers ; L/C d'achats de rentes. à Produits de l'aliénation des biens meubles et immeubles appartenant aux pupilles.	Caisse Pièces de dépenses. à Produits de l'aliénation des biens meubles et immeubles appartenant aux pupilles.
Emploi des fonds encaissés au titre du compte « Produits de l'aliénation, etc. » : 1° Dépenses effectives ; 2° Achats directs de rentes ; 3° Versement à la caisse nationale d'épargne ; 4° Versement à la caisse des retraites de la vieillesse ou à une caisse d'épargne privée, consignation à la caisse des dépôts et consignations du prix de vente des objets précieux et du montant du livret de caisse d'épargne appartenant au pupille disparu.	Produits de l'aliénation des biens meubles et immeubles appartenant aux pupilles. Caisse. Divers ; L/C d'achats de rentes. Versements des receveurs des postes. Caisse des dépôts et consignations. { Caisse nationale des retraites de la vieillesse. Caisse d'épargne et de prévoyance. Consignations judiciaires et administratives. }	Pièces de dépenses. Caisse. à Caisse des dépôts et consignations (Caisses d'épargne privées).
Entrée en portefeuille.	Titres et valeurs appartenant aux pupilles. Objets précieux appartenant aux pupilles. à Pupilles du département ; L/C de titres, valeurs et objets précieux. Livrets de caisse d'épargne appartenant aux pupilles. à Pupilles du département ; L/C de livrets de caisse d'épargne.	
Sortie du portefeuille.	Pupilles du département ; L/C de titres, valeurs et objets précieux. Titres et valeurs appartenant aux pupilles. Objets précieux appartenant aux pupilles. Pupilles du département ; L/C de livrets de caisse d'épargne. à Livrets de caisse d'épargne appartenant aux pupilles.	

NATURE DES OPÉRATIONS 1	ÉCRITURES DES TRÉSORIERS GÉNÉRAUX 2	ÉCRITURES DES RECEVEURS PARTICULIERS 3
Achat de rente par les caisses d'épargne.	Écritures à passer simultanément lors de la réception du titre acheté par la caisse d'épargne. Pupilles du département ; L/C de livrets de caisse d'épargne. à Produit de l'aliénation des biens meubles et immeubles. Produit de l'aliénation des biens meubles et immeubles. à Livrets des caisses d'épargne appartenant aux pupilles. (Pour l'entrée des titres en portefeuille, se conformer à la marche tracée ci-dessus).	»
Avances de frais par le département pour le compte des pupilles.	Frais divers avancés pour le compte des pupilles du département. à Caisse.	Pièces de dépenses. à Caisse.
Recouvrement sur les tiers des frais avancés.	Caisse. Dépenses publiques, etc. à Frais divers avancés pour le compte des pupilles du département.	Pièces de dépenses. Caisse. à Frais divers avancés pour le compte des pupilles du département.
Remboursement au moyen de fonds prélevés sur l'avoir du pupille des frais avancés pour son compte.	Deniers pupillaires. Produits de l'aliénation des biens meubles et immeubles. à Frais divers avancés pour le compte des pupilles du département.	»
Imputation sur les crédits du budget départemental des frais avancés dans le cas où l'avoir du pupille est nul ou insuffisant pour les rembourser.	Service départemental, budget de l'exercice 19 . à Frais divers avancés pour le compte des pupilles du département.	»
Remise du livret de caisse d'épargne soit au pupille devenu majeur, soit au nouveau tuteur si l'enfant quitte le service, soit à ses héritiers s'il vient à décéder.	Pupilles du département ; L/C de livrets de caisse d'épargne. à Livrets de caisse d'épargne appartenant aux pupilles.	»

NATURE	ÉCRITURES	ÉCRITURES
DES OPÉRATIONS	DES TRÉSORIERS GÉNÉRAUX	DES RECEVEURS PARTICULIERS
1	2	3
Constatation de la valeur estimative des titres, valeurs et objets précieux, trouvés sur l'enfant, remis en son nom au moment de l'abandon ou qui lui adviennent au cours de sa minorité.	Titres et valeurs appartenant aux pupilles. Objets précieux appartenant aux pupilles. *à* Pupilles du département ; L/C de titres, valeurs et objets précieux.	»
Remise des titres, valeurs et objets précieux soit au pupille devenu majeur, soit au nouveau tuteur si l'enfant quitte le service, soit à ses héritiers s'il vient à décéder. Dépôts des titres et valeurs à la caisse des dépôts au cas de disparition de l'enfant ou parce que le pupille devenu majeur refuse d'en opérer le retrait.	Pupilles du département ; L/C de titres, valeurs et objets précieux. *à* Titres et valeurs appartenant aux pupilles. Objets précieux appartenant aux pupilles. Caisse des dépôts et consignations (divers comptables ; L/C d'envois de titres consignés). *à* Caisse des dépôts et consignations (consignations ; L/C de rentes et valeurs mobilières. A passer simultanément avec la première écriture, en ce qui concerne le dépôt des titres seulement.	»
Vente d'objets précieux.	Pupilles du département ; L/C de titres, valeurs et objets précieux. *à* Objets précieux appartenant aux pupilles. Caisse. *à* Produit de l'aliénation des biens meubles et immeubles appartenant aux pupilles.	»
Dévolution au département de la succession d'un pupille décédé.	Produit de l'aliénation des biens meubles et immeubles appartenant aux pupilles Deniers pupillaires. *à* Service départemental, budget de l'exercice 19 . A passer simultanément avec les écritures déjà tracées constatant la sortie du livret de caisse d'épargne, des titres, valeurs et bijoux, le retrait des fonds de la caisse d'épargne, l'encaissement du produit de la vente des valeurs et des bijoux.	»

MINISTÈRE
DE L'INTÉRIEUR

DIRECTION
DE L'ASSISTANCE
ET DE
L'HYGIÈNE PUBLIQUES

2ᵉ BUREAU

TABLE DES MODÈLES

annexés à l'Instruction du Ministre de l'Intérieur.

MINISTÈRE
DE L'INTÉRIEUR

DIRECTION
DE L'ASSISTANCE
ET DE
L'HYGIÈNE PUBLIQUES

2ᵉ BUREAU

DÉPARTEMENT d

SERVICE DES ENFANTS ASSISTÉS

MODÈLE Nº 1.

INSTRUCTION
du 10 juin 1909.

Format tellière.

ÉTABLISSEMENT
DÉPOSITAIRE

de

Bureau d'abandon.

PROCÈS-VERBAL

L'an mil neuf cent   le

à   heures du   (heure légale).

Par devant nous,

préposée au bureau d'admission ouvert à

A comparu,

y demeurant   laquelle nous a déclaré
qu'elle a trouvé dans le couloir de sa maison, vers six heures du matin un
enfant nouveau-né du sexe masculin paraissant âgé de quarante-huit heures et
qu'elle remet au bureau d'abandon.

Après avoir ouvert les langes de cet enfant nous avons trouvé :

1º une enveloppe contenant (1)

2º une bourse en argent contenant (2)
etc., etc...

En foi de quoi nous avons dressé le présent procès-verbal qui a été signé
par la comparante et la préposée, pour être transmis à M. le Préfet d
conformément aux articles 8 et 9 de la loi du 27 juin 1904.

Fait à   le   mil neuf cent

Signatures :

Vu à l'Hôtel de la Préfecture à
Le Préfet,

(1) Par exemple : deux billets de mille francs portant les nᵒˢ 117.522 11.201.
2) Par exemple : cinq pièces de vingt francs au millésime de 1872.

MINISTÈRE
DE L'INTÉRIEUR

DIRECTION
DE L'ASSISTANCE
ET DE
L'HYGIÈNE PUBLIQUES

2ᵉ BUREAU

MODÈLE Nᵒ 2.

INSTRUCTION
du 10 juin 1909.

Format tellière.

Département d

Année 19

SOMMIER

DES DROITS CONSTATÉS AU PROFIT

DES PUPILLES DE L'ASSISTANCE PUBLIQUE

REPERTOIRE

§ Ier.

Article Ier.

Sommes trouvées sur les pupilles, etc.

NUMÉROS	DATE	DÉSIGNATION		ESTIMATION	OBSERVATIONS
D'ORDRE	des PROCÈS-VERBAUX de remise.	des SOMMES	des BIJOUX	DES BIJOUX et objets.	
1	2	3	4	5	6

Montant total (estimation) des bijoux et objets précieux (paragraphe premier, art. premier) existant au 31 décembre 19 ....

§ 1er.

ARTICLE 3.

Revenus des biens meubles et immeubles.

NUMÉROS DES TITRES de perception.	DATE et NATURE des titres établissant la créance.	OBJET de la CRÉANCE	DATE DU TITRE de perception.	ENCAISSEMENTS SUCCESSIFS		OBSERVATIONS
				DATES	SOMMES	
1	2	3	4	5	6	7

MONTANT TOTAL du produit des revenus inscrit au parag. premier, art. 3 existant au 31 décembre 19 ....

§ Ier.

ARTICLE 4.

Produit de l'aliénation des biens meubles et immeubles appartenant aux pupilles.

NUMÉROS des titres de perception.	DATE et NATURE des titres établissant la créance.	OBJET de la CRÉANCE	DATE DU TITRE de perception.	ENCAISSEMENTS SUCCESSIFS		OBSERVATIONS
				DATES	SOMMES	
1	2	3	4	5	6	7

MONTANT TOTAL du produit de l'aliénation des biens meubles et immeubles (par. premier, art. 4) existant au 31 décembre 19 .

§ 2.

ARTICLE 2.

Produits du travail.

NUMÉROS des titres de perception.	DATE et NATURE DES TITRES constatés par la créance.	NOM des PUPILLES.	NUMÉROS MATRICULES.	OBJET de la CRÉANCE.	NOM des DÉBITEURS.	DOMICILE des DÉBITEURS.	MONTANT des CRÉANCES.	MONTANT des RECOUVREMENTS effectués.	SOMMES RESTANT À RECOUVRER.	OBSERVATIONS.
1	2	3	4	5	6	7	8	9	10	11

TOTAUX (Produit du travail) au 31 décembre 19 ....

A DIMINUER le montant des recouvrements effectués au 31 décembre 19 ..

SOMME RESTANT à recouvrer au 31 décembre 19 ....

Exemple : colonne 8 : 1.000 fr.
— 9 : 500
Somme restant à recouvrer au 31 déc. 19 .. 500 (Égale à la somme indiquée au total de la colonne 10.)

MINISTÈRE
DE L'INTÉRIEUR

DIRECTION
DE L'ASSISTANCE
ET DE
L'HYGIÈNE PUBLIQUES

2ᵉ BUREAU

SERVICE DES ENFANTS ASSISTÉS

DENIERS DES PUPILLES

MODÈLE Nᵒ 3

INSTRUCTION
du 10 juin 1909.

Format tellière.

Département d

SITUATION ANNUELLE

ARRÊTÉE AU 31 DÉCEMBRE 19   DE L'AVOIR TOTAL

AU TITRE DES DENIERS DES PUPILLES

DE L'ASSISTANCE PUBLIQUE DU DÉPARTEMENT

Cette situation fait ressortir les diverses opérations effectuées depuis le (1) 1ᵉʳ janvier 19   jusqu'au 31 décembre 19

1° Le nombre et le montant des titres émis ;
2° Le report de l'avoir existant au 1ᵉʳ janvier 19   .
3° L'avoir au 31 décembre 19   après déduction des sorties effectuées au dit décompte pour des motifs divers (2) du 1ᵉʳ janvier 19   au 31 décembre 19   inclus.

(1) La première situation indiquera nécessairement l'avoir existant au 1ᵉʳ août 1909.
(2) Décès, majorité, etc.

MOIS	NOMBRE DE TITRES ÉMIS PAR COMPTE							MONTANT DES TITRES ÉMIS PAR COMPTE							OBSERVATIONS
	PARAGRAPHE 1er			PARAGRAPHE 2	TOTAL GÉNÉRAL			PARAGRAPHE 1er			PARAGRAPHE 2	TOTAL GÉNÉRAL			
	Article 1er.	Article 3.	Article 4.	Article 2.	des sommes mises à recouvrer.	des recouvrements effectués.	des recouvrements à effectuer	Article 1er.	Article 3.	Article 4.	Article 2.	des sommes mises en recouvrement	des recouvrements effectués.	des recouvrements à effectuer.	
1	2	3	4	5	6	7	8	9	10	11	12	13	14	15	16
Janvier...............															
Février...............															
Mars...............															
Avril...............															
Mai...............															
Juin...............															
Juillet...............															
Août...............															
Septembre...............															
Octobre...............															
Novembre...............															
Décembre...............															
Totaux...............															
Report de l'avoir au 1er janvier 19 (1)...............															
Totaux...............															
A déduire (2)...............															
Total de l'avoir au 31 décembre 19															

(1) La première situation indiquera nécessairement l'avoir existant au 1er août 1904.
(2) Pour sorties effectuées pour motifs divers (décès, majorité, etc.).

<table>
<tr><td>Vu et présenté :</td><td>Vu et vérifié :</td><td>Certifié conforme aux écritures de la Préfecture.</td></tr>
<tr><td>L'Inspecteur de l'Assistance publique,</td><td>A   , le   19
Le Trésorier payeur général,</td><td>A   , le   19
Le Préfet du département d</td></tr>
</table>

14

MINISTÈRE
DE L'INTÉRIEUR

DIRECTION
DE L'ASSISTANCE
ET DE
L'HYGIENE PUBLIQUES

2ᵉ BUREAU

DÉPARTEMENT d

SERVICE DES ENFANTS ASSISTÉS

MODÈLE Nᵒ 4.

INSTRUCTION
du 10 juin 1909.

Format tellière.

CONTRAT DE PLACEMENT

Entre les soussignés :

M. le Préfet du département d   , agissant en qualité
de tuteur légal des pupilles de l'Assistance publique, dûment représenté par
son délégué, M.   Inspecteur de l'Assistance publique
d   domiciliés tous deux à   .
en l'Hôtel de la Préfecture,   d'une part,
     Et M.   cultivateur,
demeurant à   d'autre part.

Il a été exposé et convenu ce qui suit :

M. le Préfet place chez M.   qui accepte l
pupille   pour une durée d'une année qui commencera à
courir du   pour finir au
aux conditions ci-après :

Conditions générales.

M.   s'engage :

1ᵒ à loger, nourrir, blanchir l   pupille (si c'est une fille, à lui donner
le temps de laver son linge et d'entretenir ses effets) ;

2ᵒ à le traiter avec bonté, douceur et humanité ;

3ᵒ en cas de maladie, à lui faire donner les soins nécessaires, à le faire
transporter à l'hôpital le plus rapproché si le médecin l'exige, et à en prévenir
l'Inspecteur de l'Assistance publique ;

4ᵒ à ne jamais le renvoyer ou le replacer chez une autre personne sans
s'être au préalable, concerté avec l'Inspecteur au moins huit jours à l'avance
(dans le cas où il viendrait à s'évader, en prévenir de suite le maire qui en
informera immédiatement l'Inspecteur) ;

5ᵒ à lui allouer un salaire de   par an, payable à
la fin de l'engagement soit le   et qui se décompose
comme suit :

                 francs pour la vêture de l'enfant ;

                 francs pour les menues dépenses et l'argent de poche de l'enfant,
qui lui sera remis à la fin de chaque mois soit   francs par mois ;
                 francs à verser au compte des deniers pupillaires.

Un mois avant la fin de l'engagement le patron fera connaître ses offres
de gages s'il demande à conserver l'élève.

A l'expiration de l'engagement il déposera à la mairie ou adressera à l'Inspecteur, en vue du règlement du compte, le présent engagement complété et signé accompagné d'un bordereau pour mention des dépenses et avances faites ; il adressera ensuite l'excédent du gage au trésorier payeur général chargé d'en effectuer le versement à la caisse d'épargne au nom du pupille.

Conditions particulières.

Fait à   en l'Hôtel de la Préfecture, le
en deux originaux dont un a été remis au patron et l'autre a été déposé aux archives du service.

Le Préfet, (1).   *Le patron,*

ou Pour le Préfet :
L'Inspecteur, délégué,

(1) Rayer la mention qui ne convient pas.

ANNÉE 19

DENIERS PUPILLAIRES

MODÈLE Nᵒ 5.

INSTRUCTION
du 10 juin 1909.

Format tellière.

TITRE DE PERCEPTION nᵒ   *concernant les sommes à recouvrer au titre des articles 1 et 3 du compte des deniers pupillaires par le trésorier payeur général.*

NOM DES PUPILLES	NUMÉROS MATRICULES des pupilles.	NOM DES DÉBITEURS	DOMICILE DES DÉBITEURS	MONTANT DES CRÉANCES		MONTANT des RECOUVREMENTS effectués.	SOMMES RESTANT à recouvrer.	OBSERVATIONS
				Art. 1. Sommes trouvées sur les pupilles, etc.	Art. 3. Revenus des biens meubles et immeubles, etc.			
1	2	3	4	5	6	7	8	9
			A reporter..					

NOM DES PUPILLES	NUMÉROS MATRICULES des pupilles.	NOM DES DÉBITEURS	DOMICILE DES DÉBITEURS	MONTANT DES CRÉANCES		MONTANT des RECOUVREMENTS effectués.	SOMMES RESTANT à recouvrer.	OBSERVATIONS
				Art. 1. — Sommes trouvées sur les pupilles, etc.	Art. 3. — Revenus des biens meubles et immeubles, etc.			
1	2	3	4	5	6	7	8	9
			Report.....					
			Total à recouvrer.	.(1)				

Vu et présenté :

L'Inspecteur de l'Assistance publique,

Le préfet du département d

Vu l'article 15 de la loi du 27 juin 1904 modifiée par la loi du 18 décembre 1906 ;

Vu l'article 9 du décret du 19 mai 1909 ;

ARRÊTE :

M. le Trésorier payeur général fera les diligences nécessaires pour assurer le recouvrement de la somme de (1) énoncée ci-dessus.

A   , le   19

Le Préfet,

Pris en charge et transmis à fin de recouvrement au percepteur d

A   , le   19

Le Trésorier payeur général,

MINISTÈRE
DE L'INTÉRIEUR

DIRECTION
DE L'ASSISTANCE
ET DE
L'HYGIÈNE PUBLIQUES

2ᵉ BUREAU

DÉPARTEMENT

d

PERCEPTION

d

ANNÉE 19

MODÈLE Nº 6.

INSTRUCTION
du 10 juin 1909.

Format tellière.

SERVICE DÉPARTEMENTAL

COMPTE DES DENIERS PUPILLAIRES

TITRE DE PERCEPTION nº concernant les produits du travail *(Art. 2 du compte) acquis aux pupilles du département pour le mois de 19 , à recouvrer par le trésorier payeur général.*

NOMS DES PUPILLES	NUMÉROS MATRICULES des pupilles.	NOMS DES DÉBITEURS	DOMICILE DES DÉBITEURS	SOMMES à RECOUVRER	MONTANT des RECOUVREMENTS effectués.	SOMMES RESTANT à recouvrer.	OBSERVATIONS
1	2	3	4	5	6	7	8
			A reporter ...				

NOMS DES PUPILLES	NUMÉROS MATRICULES des pupilles.	NOMS DES DÉBITEURS	DOMICILE DES DÉBITEURS	SOMMES à RECOUVRER	MONTANT des RECOUVREMENTS effectués.	SOMMES RESTANT à recouvrer.	OBSERVATIONS
1	2	3	4	5	6	7	8
			Report				
			TOTAUX.....	(1)			

Certifié exact le présent état s'élevant à la somme de (1)

A   , le   19

L'Inspecteur de l'Assistance publique,

Le préfet du département d

Vu l'article 15 de la loi du 27 juin 1904 modifiée par la loi du 18 décembre 1906 ;

Vu l'article 10 du décret du 19 mai 1909 ;

ARRÊTE:

M. le Trésorier payeur général fera les diligences nécessaires pour assurer le recouvrement de la somme de (1) énoncée ci-dessus.

Pris en charge et transmis à fin de recouvrement au percepteur d

A   , le   19

Le Trésorier payeur général,

A   , le   19

Le Préfet,

MINISTÈRE
DE L'INTÉRIEUR

DIRECTION
DE L'ASSISTANCE
ET DE
L'HYGIÈNE PUBLIQUES
—
2ᵉ BUREAU

DÉPARTEMENT
d

PERCEPTION
d

ANNÉE 19

SERVICE DÉPARTEMENTAL

COMPTE DES DENIERS PUPILLAIRES
(Opérations annexes.)

TITRE DE PERCEPTION nᵒ   concernant les sommes à recouvrer par le trésorier payeur général à titre de produit de l'aliénation des biens meubles et immeubles appartenant aux pupilles.

MODÈLE Nᵒ 7.

INSTRUCTION
du 10 juin 1909.

Format tellière.

NOM DES PUPILLES	NUMÉROS MATRICULES des pupilles.	NOM ET DOMICILE DES DÉBITEURS	NATURE DE LA CRÉANCE	SOMMES à RECOUVRER.	MONTANT des RECOUVREMENTS effectués.	SOMMES RESTANT à recouvrer.	OBSERVATIONS
1	2	3	4	5	6	7	8
			A reporter ..				

15

NOM DES PUPILLES	NUMÉROS MATRICULES des pupilles.	NOM ET DOMICILE DES DÉBITEURS	NATURE DE LA CRÉANCE	SOMMES à RECOUVRER	MONTANT des RECOUVREMENTS effectués.	SOMMES RESTANT à recouvrer.	OBSERVATIONS
1	2	3	4	5	6	7	8
			Report				
			Totaux	(1)			

Le préfet du département d

Vu et présenté :

L'inspecteur de l'Assistance publique,

Vu l'article 15 de la loi du 27 juin 1904 modifiée par la loi du 18 décembre 1906 ;

Vu l'article 9 du décret du 19 mai 1909 ;

ARRÊTE :

M. le Trésorier payeur général fera les diligences nécessaires pour assurer le recouvrement de la somme de (1)

énoncée ci-dessus.

Pris en charge et transmis à fin de recouvrement au percepteur de

A   , le   19

Le Trésorier payeur général.

A   , le   19

Le Préfet,

MINISTÈRE
DE L'INTÉRIEUR

DIRECTION
DE L'ASSISTANCE
ET DE
·L'HYGIÈNE PUBLIQUES

2ᵉ BUREAU

DÉPARTEMENT
d

EXERCICE 19

SERVICE DÉPARTEMENTAL

COMPTABILITÉ DES DENIERS PUPILLAIRES

MODÈLE Nº 8.

INSTRUCTION
du 10 juin 1909.

Format tellière

*BORDEREAU RÉCAPITULATIF nº   , des titres de perception transmis ce jour
au trésorier payeur général du département.*

PERCEPTIONS (1)	NUMÉROS ·des TITRES	NATURE DES PRODUITS			PRODUIT de l'aliénation des biens meubles et immeubles.	FRAIS AVANCÉS pour le compte des pupilles.	OBSERVATIONS
		DENIERS PUPILLAIRES					
		Art. 1. — Sommes trouvées sur les pupilles etc.	Art. 2. — Produit du travail.	Art. 3. — Revenus des biens meubles et immeubles.			
1	2	3	4	5	6	7	8
A reporter.							

(1) Les perceptions doivent être groupées par arrondissement et s'il y a lieu par département; les titres seront totalisés par arrondissement et s'il y a lieu par département.

PERCEPTIONS (1)	NUMÉROS des TITRES	NATURE DES PRODUITS			PRODUIT de l'aliénation des biens meubles et immeubles	FRAIS AVANCÉS pour le compte des pupilles.	OBSERVATIONS
		DENIERS PUPILLAIRES					
		Art. 1. — Sommes trouvées sur les pupilles etc.	Art. 2. — Produits du travail.	Art. 3. — Revenus des biens meubles et immeubles.			
1	2	3	4	5	6	6	7
Report..							
Totaux généraux......							

(1) Les perceptions doivent être groupées par arrondissement et s'il y a lieu par département ; les titres seront totalisés par arrondissement et s'il y a lieu par département.

Certifié exact le présent état.

Vu et présenté :

A , le 19

L'Inspecteur de l'Assistance publique,   Le Préfet,

MINISTÈRE
DE L'INTÉRIEUR

DIRECTION
DE L'ASSISTANCE
ET DE
L'HYGIÈNE PUBLIQUES
—
2ᵉ BUREAU

DÉPARTEMENT d

SERVICE DES ENFANTS ASISSTÉS

COMPTE DES DENIERS PUPILLAIRES

MODÈLE Nº **9.**

INSTRUCTION
du 10 juin 1909.

Format tellière.

RELEVÉ du compte du pupille   *au 31 décembre 19* .

Le préfet du département d   informe le pupille (*noms et prénoms*)
que son compte a été arrêté au 31 décembre 19   , en recette et en dépense, et qu'il présente les résultats
suivants :

	fr.	c.	fr.	c.
Recettes provenant : du travail et des économies (col. 11 du livre des comptes individuels) ...				
d'autres sources (col. 10 et 12 du livre des comptes individuels)				
de l'aliénation des biens meubles et immeubles (col. 22 du livre des comptes individuels)				
Dépenses (col. 29 du livre des comptes individuels)....................				
BALANCE au 31 décembre 19 .... (1)				

La somme de (1)   est représentée par les titres et valeurs ci-après :

	fr.	c.
1º Livret de Caisse d'épargne....................		
2º Livrets de la Caisse des retraites de la vieillesse		
3º Titres de rentes nominatifs (fr. de rente 3 p. 100) prix d'achat. (col. 26 du livre des comptes individuels)................		
4º Numéraire en caisse au 31 décembre		
TOTAL		

Fait à   , le   19

Le Préfet, (1)

L'Inspecteur délégué, (1)

(1) On rayera le mot qui ne convient pas.

MINISTÈRE
DE L'INTÉRIEUR

DIRECTION
DE L'ASSISTANCE
ET DE
L'HYGIÈNE PUBLIQUES

2ᵉ BUREAU

DÉPARTEMENT d

SERVICE DES ENFANTS ASSISTÉS

MODÈLE N° 10.

INSTRUCTION
du 10 juin 1909.

Format tellière.

Le Préfet du département d   a l'honneur de faire

connaître à M.   demeurant à

chez qui a été confié l'enfant   né le

n° mˡᵉ   , suivant contrat du   qu'il a été déclaré

débiteur d'une somme de   à raison des gages dus

au dit pupille et après vérification du compte par M. l'Inspecteur de l'Assistance

publique.

M.   est en conséquence invité à verser le montant

de cette somme entre les mains de M. le Percepteur de sa commune ou à la

caisse de M. le Receveur particulier de l'arrondissement ou de M. le Trésorier

payeur général du département, et ce dans le délai de

à dater de la présente, faute de quoi il s'exposera à être poursuivi conformément

à la loi.

A   , le   19

Pour le Préfet :

L'Inspecteur de l'Assistance publique, délégué,

MINISTÈRE
DE L'INTÉRIEUR

DIRECTION
DE L'ASSISTANCE
ET DE
L'HYGIÈNE PUBLIQUES

2ᵉ BUREAU

DÉPARTEMENT d

MODÈLE Nº 11.

INSTRUCTION
du 10 juin 1909.

Format tellière.

SERVICE DES ENFANTS ASSISTÉS

NOTIFICATION DE COMPTE DE TUTELLE

Le Préfet du département d   a l'honneur de
notifier à   pupille de l'Assistance publique
né le   et qui deviendra majeur le
le projet de compte de tutelle pour les années

A. — RECETTES

B — DÉPENSES

ACTIF NET (A-B)..............

Le reliquat ainsi calculé est représenté par les titres et valeurs ci-après :

M.   est prié de faire connaître dans le délai de
quinze jours à partir de la réception de la présente communication s'il entend
contester ou approuver les résultats contenus au dit compte. Sa réponse devra
être transmise dans le dit délai à la Préfecture.

Le Préfet rappelle que d'après l'article 15, dernier alinéa, de la loi
du 27 juin 1904, le Conseil de famille peut décider qu'une partie du reliquat
ainsi composé, mais n'excédant pas le cinquième (1/5) sera versée à la Caisse
Nationale des Retraites, en vue de lui constituer une pension de retraite.

En prévision de cette éventualité M.   est prié de
faire connaître en renvoyant à la Préfecture le compte ci-dessus approuvé,
s'il entend que la pension à constituer sera à capital aliéné ou à capital réservé.

Fait à la Préfecture, le

Pour le Préfet :

L'Inspecteur, délégué,

Je soussigné   pupille de l'Assistance publique
de   approuve le compte de tutelle ci-dessus détaillé et,
pour le cas où le Conseil de famille déciderait qu'une partie n'excédant pas le
cinquième (1/5) des produits de mon travail devrait être placé à la Caisse des
Retraites pour la Vieillesse, déclare que ce placement aura lieu à capital réservé
ou aliéné (1).

Fait à   , le   190

Le pupille,

Vu pour la légalisation
de la signature de
demeurant à

Le Maire,

(Cachet de la mairie.)

---

(1) Rayer le mot qui ne conviendrait pas.

MINISTÈRE
DE L'INTÉRIEUR

DIRECTION
DE L'ASSISTANCE
ET DE
L'HYGIÈNE PUBLIQUES

2ᵉ BUREAU

DÉPARTEMENT d

SERVICE DES ENFANTS ASSISTÉS

MODÈLE Nº 12.

INSTRUCTION
du 10 juin 1909.

Format tellière.

COMPTE DE TUTELLE

L'an 190   et le   , le Conseil de famille des
pupilles de l'Assistance publique du département d
s'est réuni à la Préfecture où étaient présents :

   MM.

et   , secrétaire.

M. le Préfet, tuteur ou M. l'Inspecteur tuteur délégué, a fait observer
que par un acte du   M. le Préfet (ou il) a notifié au
pupille   né le   , aujourd'hui
majeur, un projet de compte de tutelle, avec les pièces justificatives tenues par
M. le Trésorier payeur général et que par une lettre en date du
le dit pupille a déclaré approuver et accepter le dit compte comme exact et
sincère dans toutes ses parties.

En conséquence, le Conseil de famille a arrêté tous les résultats tels
qu'ils y sont exprimés et le reliquat du compte dû au pupille devenu majeur,
conformément au dit compte à la somme de

Cette somme se compose de :

   A-titre de rente de   valeur au

   B-livret de caisse d'épargne réglé à la somme de

Le Conseil de famille est d'avis qu'il n'y a lieu d'accorder par application
de l'article 16 de la loi du 27 juin 1904 aucune remise au pupille sur les frais
d'entretien.

D'autre part, le Conseil de famille décide, conformément à la proposition
du tuteur qu'une somme de   francs sera versée à la Caisse des
Retraites, pour constituer une pension à capital réservé ou aliéné (1) au nom du
pupille.

En conséquence, le Conseil de famille déclare approuver le compte
ci-dessus présenté et autorise le trésorier payeur général à remettre contre
quittance les titres et valeurs énoncés plus haut ainsi que le livret de la Caisse
Nationale des Retraites.

Fait et passé à l'Hôtel de la Préfecture, le   190

   Le Président,   *Le Secrétaire,*

(1) On rayera le mot qui ne convient pas.

<table>
<tr><td>

MINISTÈRE
DE L'INTÉRIEUR

ADMINISTRATION
GÉNÉRALE
de
L'ASSISTANCE PUBLIQUE
à PARIS

PERCEPTION
d

</td><td>

PRÉFECTURE DU DÉPARTEMENT DE LA SEINE

COMPTABILITÉ DES DENIERS PUPILLAIRES

</td><td>

MODÈLE N° 13.

INSTRUCTION
du 10 juin 1909.

Format tellière.

</td></tr>
</table>

TITRE DE PERCEPTION N°   *concernant*

les { *produits du travail acquis pour le mois d*   *19 , aux* } *pupilles*
     { *frais avancés pour le compte des*

du département de la Seine, placés dans le département
d

NOM DES PUPILLES	NUMÉROS MATRICULES des pupilles.	NOM DES DÉBITEURS	DOMICILE DES DÉBITEURS	SOMMES à RECOUVRER	RECOUVREMENTS EFFECTUÉS	SOMMES RESTANT À RECOUVRER	OBSERVATIONS
1	2	3	4	5	6	7	8
			A reporter....				

NOM DES PUPILLES	NUMÉROS MATRICULES des pupilles.	NOM DES DÉBITEURS	DOMICILE DES DÉBITEURS	SOMMES à RECOUVRER	RECOUVREMENTS EFFECTUÉS	SOMMES RESTANT A RECOUVRER	OBSERVATIONS
1	2	3	4	5	6	7	8
			Report.......				
			Total.......				

Certifié exact le présent titre de perception s'élevant à la somme de

A   , le   19

Le Directeur d'agence,

Le préfet du département de la Seine,

Vu l'article 15 de la loi du 27 juin 1904 modifiée par la lo[i] du 18 décembre 1906 ;

Vu les articles 10, 27 et 29 du décret du 19 mai 1909 ;

ARRÊTE :

M. le Receveur de l'Assistance publique à Paris, fer[a] les diligences nécessaires pour assurer le recouvrement d[e] la somme de
énoncée ci-dessus.

Vu et présenté :

Paris, le   19

Le Directeur de l'Assistance publique,

Pris en charge et transmis à fin de recouvrement, par application de l'article 30 du décret du 19 mai 1909 à M. le Trésorier payeur général du département d

Paris, le   19

Le Receveur de l'Assistance publique,

Paris, le   19

Le Préfet,

Pris en charge et transmis à fin de recou- vrement au percerteur d

A   , le   19

Le Trésorier payeur général,

MINISTÈRE
DE L'INTÉRIEUR

DIRECTION
DE L'ASSISTANCE
ET DE
L'HYGIÈNE PUBLIQUES

PERCEPTION

d

PRÉFECTURE DU DÉPARTEMENT d

COMPTABILITÉ DES DENIERS PUPILLAIRES

MODÈLE N° **13** *bis*.

INSTRUCTION
du 10 juin 1909.

Format tellière.

TITRE DE PERCEPTION N°　　　*concernant*

les { *produits du travail acquis pour le mois d*　　*19* , *aux* } *pupilles*
　 { *frais avancés pour le compte des*

du département d　　　; *placés dans le département*
d

NOM DES PUPILLES	NUMÉROS MATRICULES des pupilles.	NOM DES DÉBITEURS	DOMICILE DES DÉBITEURS	SOMMES à RECOUVRER	RECOUVREMENTS EFFECTUÉS	SOMMES RESTANT A RECOUVRER	OBSERVATIONS
1	2	3	4	5	6	7	8
			A reporter....				

NOM DES PUPILLES	NUMÉROS MATRICULES des pupilles.	NOM DES DÉBITEURS	DOMICILE DES DÉBITEURS	SOMMES à RECOUVRER	RECOUVREMENTS EFFECTUÉS	SOMMES RESTANT A RECOUVRER	OBSERVATIONS
1	2	3	4	5	6	7	8
			Report.......				
			Total.......				

Vu et présenté :

L'Inspecteur de l'Assistance publique,

Le préfet du département d

Vu l'article 15 de la loi du 27 juin 1904 par la du 18 décembre 1906;

Vu l'article 10 du décret du 19 mai 1909;

ARRÊTE :

M. le Trésorier payeur général du département d fera les diligences nécessaires pour assurer le recouvrement de la somme de énoncée ci-dessus.

Pris en charge et transmis à fin de recouvrement à mon collègue du département d

A   , le   19

Le Trésorier payeur général,

A   , le   19

Le Préfet,

Pris en charge et transmis à fin de recouvrement au percepteur d

A   , le   19

Le Trésorier payeur général,

MINISTÈRE
DE L'INTÉRIEUR

ADMINISTRATION
GÉNÉRALE
de
L'ASSISTANCE PUBLIQUE
à PARIS

PRÉFECTURE DU DÉPARTEMENT DE LA SEINE

MODÈLE N° 14.

INSTRUCTION
du 10 juin 1909.

COMPTABILITÉ DES DENIERS PUPILLAIRES

Format tellière.

EXTRAIT DU BORDEREAU récapitulatif n° concernant les *titres de perception émis à la date du* 19 *, et adressés à M. le Receveur de l'Assistance publique à Paris, pour être mis en recouvrement dans le département de*

PERCEPTIONS	NUMÉROS DES TITRES	MONTANT DES TITRES	OBSERVATIONS
1	2	3	4
TOTAL.........		....	

Vu et transmis au Trésorier général
du département de
Paris, le   19

Le Receveur de l'Assistance publique,

Certifié exact le présent état.

Paris, le   19

Le Préfet,

17

MINISTÈRE
DE L'INTÉRIEUR

DIRECTION
DE L'ASSISTANCE
ET DE
L'HYGIÈNE PUBLIQUES

2ᵉ BUREAU

PRÉFECTURE DU DÉPARTEMENT d

MODÈLE Nº 14 *bis*.

INSTRUCTION
du 10 juin 1909.

Format tellière.

COMPTABILITÉ DES DENIERS PUPILLAIRES

EXTRAIT DU BORDEREAU récapitulatif nº   concernant
les titres de perception émis à la date du   19   ,
*et adressés à M. le Trésorier payeur général, pour être mis en
recouvrement dans le département de*

PERCEPTIONS	NUMÉROS DES TITRES	MONTANT DES TITRES	OBSERVATIONS
1	2	3	4
TOTAL.........			

Vu et transmis à mon collègue
du département d

    A   , le

Le Trésorier payeur général,

Certifié exact le présent état.

A   , le   19

Le Préfet,

MINISTÈRE
DE L'INTÉRIEUR

DIRECTION
DE L'ASSISTANCE
ET DE
L'HYGIÈNE PUBLIQUES

DÉPARTEMENT
d

PERCEPTION
d

EXERCICE 19

MODÈLE N° 15.

INSTRUCTION
du 10 juin 1909.

Format tellière.

SERVICE DÉPARTEMENTAL

COMPTABILITÉ DES DENIERS PUPILLAIRES
(Opérations annexes.)

TITRE DE RECOUVREMENT n°
« *Frais divers avancés pour le compte des pupilles du département* ».

Le Trésorier payeur général du département d   recouvrera
sur les débiteurs désignés ci-après, au titre du compte ci-dessus, les sommes suivantes :

NOM DES PUPILLES	NUMÉROS MATRICULES des pupilles	MONTANT des FRAIS avancés	SUR l'avoir des pupilles.	RECOUVREMENTS A OPÉRER			SUR les fonds du département.	TOTAL des recouvrements à opérer (col. 4.7. et 8.)	MONTANT des RECOUVREMENTS effectués	RESTE à RECOUVRER	OBSERVATIONS
				SUR LES TIERS DÉBITEURS							
				Noms des débiteurs	Domicile des débiteurs	Sommes à recouvrer					
1	2	3	4	5	6	7	8	9	10	11	12
Totaux.			(3)			(4)	(5)	(6)			

Arrêté le présent titre de recouvrement à la somme de (6)

Le trésorier général devra en conséquence :

1° Prélever sur l'avoir des pupilles désignés ci-dessus la somme de (3)

2° Faire les diligences nécessaires pour assurer le recouvrement, sur les tiers débiteurs désignés dans le présent titre, de la somme de (4)

3° Appliquer au compte « Frais divers avancés pour le compte des pupilles du département » le montant du mandat n°   émis ce jour sur les crédits du chapitre du budget départemental, soit la somme de (5)

A   , le   19

Le Préfet,

Pris en charge et transmis au percepteur d (1)
à fin de recouvrement des sommes inscrites dans la colone 7 du présent titre.

A   , le   19 .

Le Trésorier payeur général,

(1) Lorsqu'il s'agira de sommes à recouvrer sur les tiers débiteurs, il sera établi un titre distinct pour chaque circonscription de perception intéressée.

MINISTÈRE
DE L'INTÉRIEUR

DIRECTION
DE L'ASSISTANCE
ET DE
L'HYGIÈNE PUBLIQUES

2ᵉ BUREAU

DÉPARTEMENT
d

SERVICE DES ENFANTS ASSISTÉS

DENIERS DES PUPILLES

MODÈLE Nᵒ 16.

INSTRUCTION
du 10 juin 1909.

Format tellière.

BORDEREAU nominatif des remboursements et retraits à effectuer par la caisse (1) d'épargne pour le compte des pupilles du département.

NUMÉROS D'INSCRIPTION	NOMS et PRÉNOMS des pupilles.	NUMÉROS MATRICULES	LIVRETS		SOMMES DONT LE REMBOURSEMENT EST DEMANDÉ EN VERTU						Total des sommes remboursées.	OBSERVATIONS
			SÉRIE	NUMÉROS	De la loi du 27 juin 1904.				Du règlement du 19 mai 1909 article 24.		
					Art. 15 § 5.	Art. 16 § 1ᵉʳ.	Art. 15 § 6.	Art. 41.			
1	2	3	4	5	6	7	8	9	10	11	12
TOTAUX............											
TOTAL GÉNÉRAL (1)........................											

A , le 19

Vu et présenté :
L'Inspecteur de l'Assistance publique,

Pris en charge et transmis à fin de remboursement à
M. le (2)

A , le 19
Le Trésorier payeur général,

Le préfet du département d

Vu la loi du 27 juin 1904 et le règlement d'administration publique du 19 mai 1909 ;

ARRÊTE :

M. le Trésorier payeur général du département d devra faire les diligences nécessaires pour assurer le retrait de la somme de (3) dont le détail est énoncé ci-dessus.

A , le 19

RÉPUBLIQUE FRANÇAISE

MINISTÈRE
DE L'INTÉRIEUR

DIRECTION
DE L'ASSISTANCE
ET DE
L'HYGIÈNE PUBLIQUES

2ᵉ BUREAU

SERVICE DES ENFANTS ASSISTÉS

Exécution du Règlement
du 19 mai 1909.

MODÈLE Nº 17.

INSTRUCTION
du 10 juin 1909.

Format tellière.

Préfecture d

PROCÈS-VERBAL dressé en exécution de l'article 31 du décret de la comptabilité des deniers pupillaires pour constater la remise au préfet du département d   des actes constatant les droits appartenant aux pupilles de l'Assistance publique, et dont il doit avoir la garde.

L'an   à   heure du   , à l'Hôtel de la Préfecture, par devant M.   (   ), préfet du département d   , tuteur légal des enfants assistés, ont comparu :

1º MM.
agissant en qualité de membres du Conseil de famille des pupilles de l'Assistance publique du département d   , d'une part ;

2º MM.
agissant en qualité de membres de la Commission administrative de l'hospice dépositaire d   , d'autre part ;

3º M.   , receveur de l'hospice dépositaire de   , encore d'autre part, a déclaré remettre, à M. le Préfet d   en exécution de l'article 31 du règlement du 19 mai 1909, les actes constatant les droits des pupilles dont il est actuellement détenteur, en sa qualité de comptable de l'hospice dépositaire et dont le détail suit :

(TABLEAU)

NUMÉROS MATRICULES des enfants.	NOMS ET PRÉNOMS DES ENFANTS	QUALIFICATION DES ENFANTS	NATURE ET DÉSIGNATION DES TITRES	OBSERVATIONS
1	2	3	4	5
				Exemple : (4) *a* Inventaire dressé à la mort de la mère ; *b* Contrat de bail d'une maison appartenant au pupille ; *c* Procès-verbal d'adjudication des immeubles appartenant aux auteurs du pupille ; *d* Jugement accordant une pension à la pupille à la suite d'accidents survenus au père employé de chemin de fer.

Après avoir reconnu la matérialité des actes énumérés ci-dessus, leur consistance et leur valeur le présent procès-verbal constatant la remise des dits actes entre les mains du préfet qui a déclaré en prendre charge, a été clos, et signé par les comparants et le préfet en triple expédition : dont la première restera déposée à la préfecture ; la seconde sera remise au receveur des hospices pour lui servir de décharge ; la troisième sera transmise à M. le Ministre de l'Intérieur.

Fait à   , le   19   .

  Le Préfet du département   *Le Receveur*
d   ,   *de l'hospice dépositaire,*

Les membres du Conseil de famille,

Les membres de la Commission administrative,

RÉPUBLIQUE FRANÇAISE

MINISTÈRE
E L'INTÉRIEUR

MODÈLE N° 18.

INSTRUCTION
du 10 juin 1909.

Format tellière

DIRECTION
E L'ASSISTANCE
ET DE
YGIÈNE PUBLIQUES

2ᵉ BUREAU

VICE DES ENFANTS ASSISTÉS

xécution du Règlement
du 19 mai 1909.

Préfecture   d

PROCES-VERBAL dressé en exécution de l'article 31 du décret sur la comptabilité des deniers pupillaires du 19 mai 1909 pour effectuer la remise entre les mains de M. le Trésorier payeur général du département d   du numéraire en caisse des titres et valeurs, et les livrets de caisse d'épargne dont le montant appartient aux pupilles de l'Assistance publique.

L'an   , le   à l'Hôtel
de la Préfecture de   , à   heure du   .

        Par devant nous   , préfet du département
de   ont comparu :

        1° M.   , receveur de l'hospice dépositaire
de   , agissant en cette qualité, d'une part ;

        2° M.   , trésorier payeur général du département
de   , agissant en qualité de comptable du
département,   d'autre part ;

        En présence de :

        1° MM.

agissant en qualité de membres de la Commission administrative de l'hospice
de   , encore d'autre part ;

        2° MM.

agissant en qualité de membres du Conseil de famille des enfants assistés du
département de   , encore d'autre part ;

        M.   , receveur de l'hospice dépositaire a déclaré qu'il
est détenteur, en sa qualité de comptable de cet établissement, de l'avoir propre
des pupilles de l'Assistance publique se décomposant en : 1° numéraire en
caisse ; 2° titres et valeurs ; 3° livret de caisse d'épargne et dont le montant se
trouve détaillé dans le tableau ci-après :

(TABLEAU)

18

NUMÉROS MATRICULES	NOMS ET PRÉNOMS DES ENFANTS	NUMÉROS DES COMPTES du receveur.	NATURE ET DÉSIGNATION DES VALEURS	MONTANT DÉTAILLÉ DE L'AVOIR DES PUPILLES, savoir:			TOTAL DE L'AVOIR de chaque pupille.	OBSERVATIONS
				Numéraire en caisse.	Titres et valeurs.	Livrets de caisse d'épargne.		
1	2	3	4	5	6	7	8	9
								Exemple :
								(5) Provenance du numéraire en caisse : Gages, etc..
								(6) Titre de pension sur l'État, ou titre de rentes, etc..
								(7) Livrets des caisses d'épargne (nationale ou privée), n°

Après avoir reconnu que le montant de l'avoir des pupilles de l'Assistance publique détaillé ci-dessus existe matériellement dans la caisse du receveur de l'hospice, et que leur nombre est conforme aux écritures de ce comptable le dit receveur a remis le numéraire, les titres, les valeurs et les livrets de caisse d'épargne au trésorier payeur général qui a déclaré en prendre charge.

En conséquence, le présent procès-verbal a été clos en présence des parties en cause, et des membres de la Commission administrative et du Conseil de famille et signé en quadruple expédition : dont la première sera déposée à la préfecture ; la seconde entre les mains du trésorier payeur général ; la troisième sera remise au receveur de l'hospice pour lui servir de décharge ; la quatrième sera adressé au Ministre de l'Intérieur.

Fait à   , le   19

Le Préfet

du département d

Le Receveur

de l'hospice d

Le Trésorier payeur géneral

du département d

Les membres de la Commission administrative

de l'hospice d

Les membres du Conseil de famille

des enfants assistés

du département d

TABLE DES MODÈLES

annexés à l'Instruction du Ministre des Finances.

<table>
<tr><td>

MINISTÈRE

L'INTÉRIEUR

DIRECTION

DE L'ASSISTANCE

ET DE

HYGIÈNE PUBLIQUES

DÉPARTEMENT

PERCEPTION

</td><td>

EXERCICE 19

SERVICE DÉPARTEMENTAL

COMPTABILITÉ DES DENIERS PUPILLAIRES

TITRE DE PERCEPTION n°   *concernant les sommes à recouvrer au titre des articles 1 et 3 du compte des deniers pupillaires par le trésorier payeur général.*

</td><td>

Modèle A (1).

</td></tr>
</table>

NOM DES PUPILLES	NUMÉROS MATRICULES des pupilles.	NOM DES DÉBITEURS	DOMICILE DES DÉBITEURS	MONTANT DES CRÉANCES		MONTANT des RECOUVREMENTS effectués.	SOMMES RESTANT à recouvrer.	OBSERVATIONS
				Art. 1. Sommes trouvées sur les pupilles, etc.	Art. 3. Revenus des biens meubles et immeubles, etc.			
1	2	3	4	5	6	7	8	9
			A reporter..					

(1) Cet imprimé figure dans la collection du Ministère de l'Intérieur (Instruction du 10 juin 1909: mod. n° 5); il est fourni par les préfectures.

NOM DES PUPILLES	NUMÉROS MATRICULES des pupilles.	NOM DES DÉBITEURS	DOMICILE DES DÉBITEURS	MONTANT DES CRÉANCES		MONTANT des RECOUVREMENTS effectués.	SOMMES RESTANT à recouvrer.	OBSERVATIONS
				Art. 1. — Sommes trouvées sur les pupilles etc.	Art. 3. — Revenus des biens meubles et immeubles, etc.			
1	2	3	4	5	6	7	8	9
			Reports					
			Total à recouvrer.	(1				

Le préfet du département d

Vu et présenté :

L'Inspecteur de l'Assistance publique,

Vu l'article 15 de la loi du 27 juin 1904 modifiée par la l[...]
du 18 décembre 1906 ;

Vu l'article 9 du décret du 19 mai 1909 ;

ARRÊTE :

M. le Trésorier payeur général fera les diligences néce[...]
saires pour assurer le recouvrement de la somme de (1)

énoncée ci-dessus.

Pris en charge et transmis à fin de recouvrement au percepteur d

A   , le   19

Le Trésorier payeur général,

A   , le   19

Le Préfet,

ANNÉE 19

MODÈLE B (1).

SERVICE DÉPARTEMENTAL

COMPTABILITÉ DES DENIERS PUPILLAIRES

TITRE DE PERCEPTION n°   concernant les produits du travail *(Art. 2 du compte) acquis aux pupilles du département pour le mois de   19 , à recouvrer par le trésorier payeur général.*

NOMS DES PUPILLES	NUMÉROS MATRICULES des pupilles.	NOMS DES DÉBITEURS	DOMICILE DES DÉBITEURS	MONTANT des CRÉANCES	MONTANT des RECOUVREMENTS effectués.	SOMMES RESTANT à recouvrer.	OBSERVATIONS
1	2	3	4	5	6	7	8
			A reporter ...				

(1) **Cet** imprimé figure dans la collection du Ministère de l'Intérieur, (Instruction du 10 juin 1909 mod. n°8); il est fourni par les préfectures.

19

NOMS DES PUPILLES	NUMÉROS MATRICULES des pupilles.	NOMS DES DÉBITEURS	DOMICILE DES DÉBITEURS	MONTANT des CRÉANCES	MONTANT des RECOUVREMENTS effectués.	SOMMES RESTANT à recouvrer.	OBSERVATIONS
1	2	3	4	5	6	7	8
			Report......				
			Totaux.....	(1)			

Certifié exact le présent état s'élevant à la somme de (1)

A   , le   19

L'Inspecteur de l'Assistance publique,

Le préfet du département d

Vu l'article 15 de la loi du 27 juin 1904 modifiée par la lo
du 18 décembre 1906 ;

Vu l'article 10 du décret du 19 mai 1909 ;

ARRÊTE :

M. le Trésorier payeur général fera les diligences néces
saires pour assurer le recouvrement de la somme de (1)
énoncée ci-dessus.

Pris en charge et ransmis à fin de recouvrement
au percepteur d

A   , le   19

Le Trésorier payeur général,

A   , le   19

Le Préfet,

MINISTÈRE
E L'INTÉRIEUR

DIRECTION
DE L'ASSISTANCE
ET DE
HYGIÈNE PUBLIQUES

DÉPARTEMENT

PERCEPTION

EXERCICE 19

MODÈLE C (1).

SERVICE DÉPARTEMENTAL

COMPTABILITÉ DES DENIERS PUPILLAIRES
(Opérations annexes.)

TITRE DE PERCEPTION N° *concernant les sommes à recouvrer par le trésorier payeur général à titre de* **Produit** *de l'aliénation des biens meubles et immeubles appartenant aux pupilles.*

NOMS DES PUPILLES	NUMÉROS MATRICULES des pupilles.	NOMS ET DOMICILE DES DÉBITEURS	NATURE DE LA CRÉANCE	MONTANT des CRÉANCES	MONTANT des RECOUVREMENTS effectués.	SOMMES RESTANT à recouvrer.	OBSERVATIONS
1	2	3	4	5	6	7	8
			A reporter ..				

(1) Cet imprimé figure dans la collection du Ministère de l'Intérieur (Instruction du 10 juin 1909, mod. n° 7); il est fourni par les préfectures.

NOMS DES PUPILLES	NUMÉROS MATRICULES des pupilles.	NOMS ET DOMICILE DES DÉBITEURS	NATURE DE LA CRÉANCE	MONTANT des CRÉANCES	MONTANT des RECOUVREMENTS effectués.	SOMMES RESTANT à recouvrer.	OBSERVATIONS
1	2	3	4	5	6	7	8
			Report.....				
			Totaux....... (1)				

Le préfet du département d

<table>
<tr><td> Vu et présenté :
L'Inspecteur de l'Assistance publique, </td>
<td>Vu l'article 15 de la loi du 27 juin 1904 modifiée par la loi du 18 décembre 1906 ;
Vu l'article 9 du décret du 19 mai 1909 ;</td></tr>
</table>

ARRÊTE :

M. le Trésorier payeur général fera les diligences nécessaires pour assurer le recouvrement de la somme de (1)

énoncée ci-dessus.

Pris en charge et transmis à fin de recouvrement au percepteur de

A   , le   19
Le Trésorier payeur général,

A   , le   19
Le Préfet,

MINISTÈRE
E L'INTÉRIEUR

DIRECTION
DE L'ASSISTANCE
ET DE
'HYGIÈNE PUBLIQUES

EXERCICE 19

MODÈLE D (1).

SERVICE DÉPARTEMENTAL

DÉPARTEMENT

COMPTABILITÉ DES DENIERS PUPILLAIRES
(Opérations annexes.)

PERCEPTION

—

TITRE DE RECOUVREMENT n°

« *Frais divers avancés pour le compte des pupilles du département.* »

Le trésorier payeur général du département d   recouvrera

ur les débiteurs désignés ci-après, au titre du compte ci dessus, les sommes suivantes :

NOMS DES PUPILLES	NUMÉROS MATRICULES des pupilles	MONTANT des FRAIS avancés	RECOUVREMENT A OPÉRER							MONTANT des RECOUVREMENTS effectués	RESTE à RECOUVRER	OBSERVATIONS.
			SUR l'avoir des pupilles.	SUR LES TIERS DÉBITEURS			SUR les fonds du département	TOTAL des recouvrements à opérer (col. 4, 7, et 8.)			
				Noms des débiteurs	Domicile des débiteurs	Sommes à recouvrer					
1	2	3	4	5	6	7	8	9	10	11	12
Totaux			(3)	\		(4)	(5)	(6)			

Arrêté le présent titre de recouvrement à la somme de (6)

Le trésorier général devra en conséquence :

1° Prélever sur l'avoir des pupilles désignés ci-dessus la somme de (4)

2° Faire les diligences nécessaires pour assurer le recouvrement, sur les tiers débiteurs désignés dans le présent titre, de la somme de (4)

3° Appliquer au compte «Frais divers avancés pour le compte des pupilles du département», le montant du mandat n°   émis ce jour sur les crédits du chapitre du budget départemental ,soit la somme de (5)

A   , le   19

Le Préfet,

Pris en charge et transmis au percepteur d (2)
à fin de recouvrement des sommes inscrites dans la colonne 7 du présent titre.

A   , le   19.

Le Trésorier payeur général,

---

(1) Cet imprimé figure dans la collection du Ministère de l'Intérieur (modèle n° 15 de l'Instruction du 10 juin 1909); il est fourni par les préfectures.
(2) Lorsqu'il s'agira de sommes à recouvrer sur les tiers débiteurs, il sera établi un titre distinct pour chaque circonscription de perception intéressée.

EXERCICE 19

MODÈLE E (1)

SERVICE DÉPARTEMENTAL

COMPTABILITÉ DES DENIERS PUPILLAIRES

*BORDEREAU RÉCAPITULATIF n°   , des titres de perception transmis ce jour
au trésorier payeur général du département.*

PERCEPTIONS (1)	NUMÉROS des TITRES	NATURE DES PRODUITS					OBSERVATIONS
		DENIERS PUPILLAIRES			PRODUIT de l'aliénation des biens meubles et immeubles.	FRAIS DIVERS avancés pour le compte des pupilles.	
		Art. 1. — Sommes trouvées sur les pupilles etc.	Art. 2. — Produit du travail.	Art. 3. — Revenus des biens meubles et immeubles.			
1	2	3	4	5	6	7	8
A reporter.							

(1) Les perceptions doivent être groupées par arrondissement et s'il y a lieu par département ; les titres seront totalisés par arrondissement et s'il y a lieu par département.

(1) Cet imprimé figure dans la collection du Ministère de l'Intérieur (Instruction du 10 juin 1909, mod. 8) ; il est fourni par les préfectures.

PERCEPTIONS (1)	NUMÉROS des TITRES	NATURE DES PRODUITS			PRODUIT de l'aliénation des biens meubles et immeubles.	FRAIS DIVERS avancés pour le compte des pupilles.	OBSERVATIONS
		DENIERS PUPILLAIRES					
		Art. 1. — Sommes trouvées sur les pupilles etc.	Art. 2. — Produits du travail.	Art. 3. — Revenus des biens meubles et immeubles.			
1	2	3	4	5	5	6	7
Report ..							
Totaux généraux							

(1) Les perceptions doivent être groupées par arrondissement et s'il y a lieu par département ; les titres seront totalisés par arrondissement et s'il y a lieu par département.

Vu et présenté :

L'*Inspecteur de l'Assistance publique,*

Certifié exact le présent état.

A   , le   19

Le Préfet,

MINISTÈRE
DE L'INTÉRIEUR

ADMINISTRATION
GÉNÉRALE
de
L'ASSISTANCE PUBLIQUE
à Paris

PERCEPTION
d

PRÉFECTURE DU DÉPARTEMENT DE LA SEINE

MODÉLE F (1).

COMPTABILITÉ DES DENIERS PUPILLAIRES

TITRE DE PERCEPTION N°   *concernant*
les { *produits du travail acquis pour le mois d*   *19 , aux* } *pupilles*
    { *frais avancés pour le compte des* }
du département de la Seine, placés dans le département
d

NOMS DES PUPILLES	NUMÉROS MATRICULES des pupilles.	NOMS DES DÉBITEURS	DOMICILE DES DÉBITEURS	SOMMES à RECOUVRER	RECOUVREMENTS EFFECTUÉS	SOMMES RESTANT À RECOUVRER	OBSERVATIONS
1	2	3	4	5	6	7	8
			A reporter				

(1) Cet imprimé figure dans la collection du Ministère de l'Intérieur (modèle n° 13 de l'Instruction du 10 juin 1909); il est fourni par l'Administration générale de l'Assistance publique, à Paris.

NOMS DES PUPILLES	NUMÉROS MATRICULES des pupilles.	NOMS DES DÉBITEURS	DOMICILE DES DÉBITEURS	SOMMES à RECOUVRER	RECOUVREMENTS EFFECTUÉS	SOMMES RESTANT À RECOUVRER	OBSERVATIONS
1	2	3	4	5	6	7	8
			Reports......				
			TOTAL........				

Certifié exact le présent titre de perception s'élevant à la somme de

A   , le   19

Le Directeur d'agence,

Vu et présenté

Paris, le   19

Le Directeur de l'Assistance publique,

Pris en charge et transmis à fin de recouvrement, par application de l'article 30 du décret du 19 mai 1909, à M. le Trésorier payeur général du département d

Paris, le   19

Le Receveur de l'Assistance publique,

Pris en charge et transmis à fin de recouvrement au percepteur d

A   , le   19

Le Trésorier payeur général,

Le préfet du département de la Seine,

Vu l'article 15 de la loi du 27 juin 1904 modifiée par la loi du 18 décembre 1906;

Vu les articles 10, 27 et 29 du décret du 19 mai 1909;

ARRÊTE:

M. le Receveur de l'Assistance publique à Paris fera les diligences nécessaires pour assurer le recouvrement de la somme de   .
énoncée ci-dessus.

Paris, le   19

Le Préfet,

MINISTÈRE
DE L'INTÉRIEUR

ADMINISTRATION
GÉNÉRALE
DE
L'ASSISTANCE PUBLIQUE
A PARIS

PRÉFECTURE DE LA SEINE

MODÈLE G (1).

COMPTABILITÉ DES DENIERS PUPILLAIRES

EXTRAIT DU BORDEREAU récapitulatif n°   concernant les
les titres de perception émis à la date du   19   , et
adressés à M. le Receveur de l'Assistance publique, à Paris, pour
être mis en recouvrement dans le département de

PERCEPTIONS	NUMÉROS DES TITRES	MONTANT DES TITRES	OBSERVATIONS
1	2	3	4
TOTAL			

Vu et transmis au trésorier général
du département d

Paris, le   19

Le Receveur de l'Assistance publique,

Certifié exact le présent état.

Paris, le   19

Le Préfet,

(1) Cet imprimé figure dans la collection du Ministère de l'Intérieur (Instruction du 10 juin 1909, modèle n°14) ; il est fourni par l'Administration générale de l'Assistance publique, à Paris.

MINISTÈRE
DE L'INTÉRIEUR

DIRECTION
DE L'ASSISTANCE
ET DE
L'HYGIÈNE PUBLIQUES

PRÉFECTURE DU DÉPARTEMENT d

MODÈLE H (1).

COMPTABILITÉ DES DENIERS PUPILLAIRES

PERCEPTION
d

TITRE DE PERCEPTION N°   concernant
les { *produits du travail acquis pour le mois d*   *19* , aux } pupilles
    { *frais avancés pour le compte des*
du *département d*   , *placés dans le département*
d

NOMS DES PUPILLES	NUMÉROS MATRICULES des pupilles.	NOMS DES DÉBITEURS	DOMICILE DES DÉBITEURS	SOMMES à RECOUVRER	RECOUVREMENTS EFFECTUÉS	SOMMES RESTANT A RECOUVRER	OBSERVATIONS
1	2	3	4	5	6	7	8
			A reporter.....				

NOMS DES PUPILLES	NUMÉROS MATRICULES des pupilles.	NOMS DES DÉBITEURS	DOMICILE DES DÉBITEURS	SOMMES à RECOUVRER	RECOUVREMENTS EFFECTUÉS	SOMMES RESTANT A RECOUVRER	OBSERVATIONS
1	2	3	4	5	6	7	8
			Reports......				
			Total.......				

<table>
<tr>
<td>

Vu et présenté:

L'Inspecteur de l'Assistance publique,

Pris en charge et transmis à fin de recouvrement à mon collègue du département d

A   , le   19

Le Trésorier payeur général,

</td>
<td>

Le préfet du département d

Vu l'article 15 de la loi du 27 juin 1904 modifiée par la loi du 18 décembre 1906;

Vu l'article 10 du décret du 19 mai 1909,

ARRÊTE:

M. le Trésorier payeur général du département d fera les diligences nécessaires pour assurer le recouvrement de la somme de énoncée ci-dessus.

A   , le   19

Le Préfet.

</td>
</tr>
</table>

Pris en charge et transmis à fin de recouvrement au percepteur de

A   , le   19

Le Trésorier payeur général,

MINISTÈRE
DE L'INTÉRIEUR

DIRECTION
DE L'ASSISTANCE
ET DE
L'HYGIENE PUBLIQUES

PRÉFECTURE d

Modèle I (1).

COMPTABILITÉ DES DENIERS PUPILLAIRES

EXTRAIT DU BORDEREAU récapitulatif n" concernant les *titres de perception émis à la date du* 19 *, et adressés à M. le Trésorier payeur général, pour être mis en recouvrement dans le département d*

PERCEPTIONS	NUMÉROS DES TITRES	MONTANT DES TITRES	OBSERVATIONS
1	2	3	4
TOTAL			

Vu et transmis à mon collègue
du département d

A , le

Le Trésorier payeur général,

Certifié exact le présent état.

A , le 19

Le Préfet,

(1) Cet imprimé figure dans la collection du Ministère de l'Intérieur (modèle n° 14 *bis* de l'Instruction du 10 juin 1909) ; il est fourni par les préfectures.

EXERCICE 19

MODÈLE N° 1.

INSTRUCTION
du 15 juin 1909, § 5.

Format tellière.

SERVICE DÉPARTEMENTAL

Chiffre numérique
du département.

DÉPARTEMENT

ARRONDISSEMENT

COMPTABILITÉ DES DENIERS PUPILLAIRES

EXTRAIT DU BORDEREAU RÉCAPITULATIF n°
comprenant les titres de perception à recouvrer dans l'arrondisse-
ment désigné ci-contre.

(Émission du   )

PERCEPTIONS	NUMÉROS des TITRES	NATURE DES PRODUITS			PRODUIT de l'aliénation des biens meubles et immeubles.	FRAIS AVANCÉS pour le compte des pupilles.	OBSERVATIONS (1)
		DENIERS PUPILLAIRES					
		Art. 1. — Sommes trouvées sur les pupilles, etc.	Art. 2. — Produits du travail.	Art. 3. — Revenus des biens meubles et immeubles.			
1	2	3	4	5	6	7	8
A reporter							

(1) Les receveurs des finances noteront dans la colonne « Observations » les dates de renvoi des titres à la trésorerie générale. Le présent extrait accompagnera le dernier titre de perception renvoyé à la trésorerie générale.

PERCEPTIONS	NUMÉROS des TITRES	NATURE DES PRODUITS					OBSERVATIONS (1)
		DENIERS PUPILLAIRES			PRODUIT de l'aliénation des biens meubles et immeubles.	FRAIS AVANCÉS pour le compte des pupilles.	
		Art. 1. — Sommes trouvées sur les pupilles, etc.	Art. 2. — Produits du travail.	Art. 3. — Revenus des biens meubles et immeubles.			
1	2	3	4	5	6	7	8
	Reports..						
Totaux..........							

(1) Les receveurs des finances noteront dans la colonne « Observations » les dates de renvoi des titres à la trésorerie générale. Le présent extrait accompagnera le dernier titre de perception renvoyé à la trésorerie générale.

Certifié exact le présent état.

A   , le   19

Le Trésorier payeur général,

SERVICE DÉPARTEMENTAL

MODÈLE N° 2.

INSTRUCTION
du 15 juin 1909.

□
Chiffre numérique
du département.

DÉPARTEMENT

COMPTE DES DENIERS PUPILLAIRES

ET OPÉRATIONS ANNEXES

Format écu.

PERCEPTION

VERSEMENT

ÉTAT des recettes effectuées par le percepteur de
pour le compte des pupilles du département.

NOMS des PUPILLES	NUMÉROS MATRICULES des pupilles.	NOMS ET DOMICILE des débiteurs.	NUMÉROS DES TITRES de perception. (I)	SOMMES à RECOUVRER	MONTANT DES RECOUVREMENTS				FRAIS avancés pour le compte des pupilles.	TOTAL des RECOUVREMENTS	OBSERVATIONS
					DENIERS PUPILLAIRES			PRODUIT de l'aliénation des biens meubles et immeubles.			
					Art. 1. — Sommes trouvées sur les pupilles, etc.	Art. 2. — Produit du travail.	Art. 3. — Revenus des biens meubles et immeubles.				
1	2	3	4	5	6	7	8	9	10	11	12
A reporter											

(I) NOTA. — Les recouvrements devront être groupés et totalisés par titre de perception. Tout titre de perception intégralement recouvré sera joint au présent état. Les recouvrements effectués en l'absence de titres de perception sont inscrits à la suite des recettes concernant les titres déjà émis.

NOMS des PUPILLES	NUMÉROS MATRICULES des pupilles.	NOMS ET DOMICILE des débiteurs.	NUMÉROS DES TITRES de perception. (1)	SOMMES à RECOUVRER	MONTANT DES RECOUVREMENTS					TOTAL des RECOUVREMENTS	OBSERVATIONS
					DENIERS PUPILLAIRES			PRODUIT de l'aliénation des biens meubles et immeubles.	FRAIS avancés pour le compte des pupilles.		
					Art. 1. — Sommes trouvées sur les pupilles, etc.	Art. 2. — Produit du travail.	Art. 3. — Revenus des biens meubles et immeubles.				
1	2	3	4	5	6	7	8	9	10	11	12
Reports....											
Totaux..............										(2)	

Certifié le présent état de recouvrements s'élevant à la somme de (2) comprise dans mon versement.

Cet état est accompagné de   titres de perception intégralement recouvrés, portant les numéros ci-après, savoir : titres n^{os}

A   , le   19

Le Percepteur,

SERVICE DÉPARTEMENTAL

MODÈLE N° 3.

INSTRUCTION
du 15 juin 1909,
§§ 5 et 27.

Format écu.

Chiffre numérique
du département.

DÉPARTEMENT
d

ARRONDISSEMENT
d

PERCEPTION
d

COMPTABILITÉ DES DENIERS PUPILLAIRES

ÉTAT par débiteur des sommes restant à recouvrer ou à verser à la Recette des finances, à la date du (1)   *19*

Pupilles du département d

NOMS et prénoms des PUPILLES	NUMÉROS MATRICULES des pupilles.	DÉSIGNATION des PRODUITS (2)	DATES DES TITRES de perception.	NUMÉROS DES TITRES de perception.	NOMS ET DOMICILE des débiteurs.	SOMMES restant à RECOUVRER ou à verser à la Recette des finances.	MOTIFS qui se sont opposés au RECOUVREMENT, ou, pour les sommes recouvrées depuis le dernier versement, dates des recettes.	CRÉANCES A REPORTER à la gestion suivante. à recouvrer sur les débiteurs.	à solder par le comptable	CRÉANCES à annuler dans les prises en charge.
1	2	3	4	5	6	7	8	9	10	11
					A reporter............................		....			

(1) 31 décembre, ou, en cas de mutation de trésorier général ou du receveur de l'Assistance publique, la date de la remise de service.
(2) Les restes à recouvrer devront être totalisés par comptes et articles de comptes.

NOMS et prénoms des PUPILLES	NUMÉROS MATRICULES des pupilles.	DÉSIGNATION des PRODUITS (1)	DATES DES TITRES de perception.	NUMÉROS DES TITRES de perception.	NOMS ET DOMICILE des débiteurs.	SOMMES restant à RECOUVRER ou à verser à la Recette des finances.	MOTIFS qui se sont opposés au RECOUVREMENT, ou, pour les sommes recouvrées depuis le dernier versement, dates des recettes.	DÉVELOPPEMENT d'après l'arrêté préfectoral du montant des reliquats. CRÉANCES A REPORTER à la gestion suivante. à recouvrer sur les débiteurs.	à solder par le comptable	CRÉANCES à annuler dans les prises en charge.
1	2	3	4	5	6	7	8	9	10	11
					Reports....					
					Totaux........................					

(1) Les restes à recouvrer devront être classés et totalisés par comptes et articles de comptes.

Le receveur des Finances soussigné certifie conforme à ses écritures le total de la colonne 7 du présent état.

A , le 19

Certifié exact :

A , le 19

Le Percepteur,

(2) Le trésorier général d }
Le receveur de l'Assistance publique } soussigné certifie que les créances détaillées dans les colonnes 9 et 10 du présent état, lesquelles s'élèvent à la somme totale de , doivent, conformément à l'arrêté de M. le Préfet d , en date du , être reportées à la gestion suivante.

A , le 19

En exécution de l'arrêté préfectoral du , le percepteur d reportera à la gestion en cours les créances décomptées dans les colonnes 9 et 10 du présent état, lesquelles s'élèvent à la somme totale de

A le 19

Le Trésorier payeur général,

(2) Déclaration à remplir, lorsqu'il s'agira des pupilles de la Seine ou des autres départements, par le receveur de l'Assistance publique ou par le trésorier général du département d'immatriculation.

SERVICE DÉPARTEMENTAL

MODÈLE N° 4.

INSTRUCTION
du 15 juin 1909, § 5.

Format écu.

Chiffre numérique
du département.

DÉPARTEMENT

ARRONDISSEMENT

COMPTABILITÉ DES DENIERS PUPILLAIRES

ÉTAT RÉCAPITULATIF des restes à recouvrer à la date
du (1)   **19**

Pupilles du département d

PERCEPTIONS (2)	MONTANT des RESTES	DÉVELOPPEMENT D'APRÈS L'ARRÊTÉ PREFECTORAL DU MONTANT DES RELIQUATS						CRÉANCES à annuler dans les prises en charge.
		CRÉANCES A REPORTER A LA GESTION SUIVANTE						
		Deniers pupillaires.			Produit de l'aliénation des biens meubles et immeubles.	Frais divers avancés pour le compte des pupilles.	Totaux. (Col. 3 à 7.)	
		Art. 1er. Sommes trouvées sur les pupilles, etc.	Art. 2. Produit du travail.	Art. 3. Revenus des biens meubles et immeubles.				
1	2	3	4	5	6	7	8	9
A reporter								

(1) 31 décembre, ou en cas de mutation de trésorier général ou du receveur de l'Assistance publique, la date de la remise de service.

(2) Pour la récapitulation par la trésorerie générale des restes à recouvrer concernant les pupilles de la Seine ou des autres départements, ce modèle sera modifié par la substitution du mot « arrondissements » au mot « perceptions ».

PERCEPTIONS (2)	MONTANT des RESTES	DÉVELOPPEMENT D'APRÈS L'ARRÊTÉ PRÉFECTORAL DU MONTANT DES RELIQUATS						CRÉANCES à annuler dans les prises en charge.
		CRÉANCES A REPORTER A LA GESTION SUIVANTE						
		Deniers pupillaires.			Produit de l'aliénation des biens meubles et immeubles.	Frais divers avancés pour le compte des pupilles.	Totaux. (Col. 3 à 7.)	
		Art. 1er. — Sommes trouvées sur les pupilles, etc.	Art. 2. — Produit du travail.	Art. 3. — Revenus des biens meubles et immeubles.				
1	2	3	4	5	6	7	8	9
Reports......								
Totaux......								

Certifié conforme, en ce qui concerne les sommes inscrites dans la colonne 2, aux écritures de la recette des finances.

A , le 19

Le Receveur des finances,

(3) Le trésorier général d
Le receveur de l'Assistance publique } soussigné certifie que les créances détaillées dans les colonnes 3 à 7 du présent état, lesquelles s'élèvent à la somme totale de (4) , doivent, conformément à l'arrêté de M. le Préfet d , en date du , être reportées à la gestion en cours.

A , le 19

En exécution de l'arrêté préfectoral du , le receveur des finances de l'arrondissement d reportera à la gestion en cours les créances décomptées dans les colonnes 3 à 7 du présent état, lesquelles s'élèvent à la somme totale de (4).

A , le 19

Le Trésorier payeur général,

<hr>

(2) Pour la récapitulation par la trésorerie générale des restes concernant les pupilles de la Seine ou des autres départements, ce modèle sera modifié par la substitution, dans la colonne 1, du mot « arrondissements » au mot « perceptions ».

(3) Déclarations à remplir, lorsqu'il s'agit des pupilles de la Seine ou des autres départements, par le receveur de l'Assistance publique ou par le trésorier général du département d'immatriculation.

DÉPARTEMENT

MODÈLE N° 5.

INSTRUCTION
du 15 juin 1909, § 6.

Format écu.

COMPTABILITÉ DES DENIERS PUPILLAIRES

CARNET SOMMAIRE DES DROITS

ET PRODUITS CONSTATÉS

Année 19

CE CARNET DOIT PRÉSENTER :

à la trésorerie générale...
- 1° des séries séparées de folios pour l'ensemble du département ;
- 2° — — — chaque arrondissement de sous-préfecture ;
- 3° — — — chacun des départements auquels des titres sont adressés en recouvrement ;
- 4° des séries séparées de folios pour chaque perception de l'arrondissement chef-lieu ;

dans les recettes des finances
- 1° — — — l'ensemble de l'arrondissement ;
- 2° — — — chaque perception de l'arrondissement.

22

Trésorerie générale d
(ou) Recette des finances d
(ou) Département d
(ou) Perception d

NUMÉROS D'ORDRE des titres de perception et des bordereaux récapitulatifs.	DATES des titres de perception et des bordereaux récapitulatifs.	PRODUITS							DATES D'ENVOI des titres ou des extraits de bordereaux récapitulatifs aux comptables subordonnés.	RENTRÉE DES TITRES ou des extraits de bordereaux récapitulatifs.	
		DENIERS PUPILLAIRES			PRODUIT de l'aliénation des biens meubles et immeubles appartenant aux pupilles.	FRAIS avancés pour le compte des pupilles du département.		TOTAL (Colonnes 3 à 8.)		Dates des rentrées.	Sommes recouvrées.
		Art. 1er. — Sommes trouvées sur les pupilles.	Art. 2. — Produit du travail.	Art. 3. — Revenus des biens meubles et immeubles.							
1	2	3	4	5	6	7	8	9	10	11	12

Le total des colonnes 21, 22, 23 doit donner celui de la colonne 9.

DATES des VERSEMENTS	COMPTABLE qui a EFFECTUÉ le versement.	RECOUVREMENTS							CRÉANCES à reporter à l'exercice suivant.	CRÉANCES admises en non-valeurs	SOMM... mise à la ch... des ... compte
		DENIERS PUPILLAIRES			PRODUIT de l'aliénation des biens meubles et immeubles appartenant aux pupilles.	FRAIS avancés pour le compte des pupilles du département.		TOTAL (Colonnes 15 à 20.)			
		Art. 1er. — Sommes trouvées sur les pupilles.	Art. 2. — Produit du travail.	Art. 3. — Revenus des biens meubles et immeubles.							
13	14	15	16	17	18	19	20	21	22	23	24

DÉPARTEMENT

d

ARRONDISSEMENT

d

PERCEPTION

d

MODÈLE N° 6.

INSTRUCTION
du 15 juin 1909,
§§ 7 et 27.

Format écu

COMPTABILITÉ DES DENIERS PUPILLAIRES

CARNET DE PRISE EN CHARGE

DES TITRES DE PERCEPTION

PRÉSENTANT LA SITUATION DES RECOUVREMENTS

Année 19

Deuxième Section du livre des Comptes divers.

MATRICULES des pupilles.	NOMS ET PRÉNOMS des pupilles.	NOMS ET PRÉNOMS des débiteurs.	DOMICILE des DÉBITEURS.	NUMÉROS des TITRES.	DATES des TITRES.	DENIERS PUPILLAIRES			PRODUIT de l'aliénation des biens meubles et immeubles.	SOMMES A RECOUVRER		RATTACHEMENTS numéros des titres de perception précédemment émis, auxquels se rapportent les créances restant à recouvrer.	OBSERVATIONS — DATES des avertissements adressés aux débiteurs. — Nature et dates des poursuites, etc.	RECOUVREMENTS			RESTES A RECOUVRER au 31 décembre. (différence des col. 12 et 17.)	CRÉANCES à reporter à l'exercice suivant.	ADMISSIONS EN NON-VALEURS		SOMMES MISES à la charge des comptables.
						Art. 1er Somme trouvées sur les pupilles.	Art. 2. Produit du travail des pupilles.	Art. 3. Revenus des biens meubles et immeubles.		FRAIS divers avancés pour le compte des pupilles.	TOTAL des sommes à recouvrer.			DATES des recouvrements.	NUMÉROS des quittances à souche.	SOMMES recouvrées.			listes des décisions.	Sommes admises en non valeurs.	
1	2	3	4	5	6	7	8	9	10	11	12	13	14	15	16	17	18	19	20	21	22

total des colonnes 17, 19, 21 doit donner celui de la colonne 12.

recouvrements effectués en l'absence de titres de perception sont inscrits à la suite des créances pour lesquelles des titres ont été émis, sauf régularisation ultérieure des prise en charge lorsque les titres de recettes correspondants parviendront au percepteur. Cette règle s'applique également aux recettes concernant les « Frais divers avancés pour le compte des pupilles » lesquels comprennent notamment les frais de poursuites.

SERVICE DÉPARTEMENTAL

MODÈLE N° 7.

INSTRUCTION
du 15 juin 1909, § 11.

Format tellière.

COMPTABILITÉ DES DENIERS PUPILLAIRES

Chiffre numérique
du département.

DÉPARTEMENT

d

*BORDEREAU des versements effectués à la caisse d'épargne
pour le compte des pupilles du département.*

d

NOMS DES PUPILLES	NUMÉROS MATRICULES des pupilles.	NUMÉROS des LIVRETS(1)	MONTANT ACTUEL des livrets.	MONTANT des VERSEMENTS	OBSERVATIONS
1	2	3	4	5	6
		À reporter.			

(1) Les livrets de la série *bis* seront, le cas échéant, classés à la suite des livrets ordinaires.

23

NOMS DES PUPILLES	NUMÉROS MATRICULES des pupilles.	NUMÉROS des LIVRETS (1)	MONTANT ACTUEL des livrets.	MONTANT des VERSEMENTS	OBSERVATIONS
1	2	3	4	5	6
		Reports ..			
		Totaux...	(1)	(2)	

(1) Les livrets de la série *bis* seront, le cas échéant, classés à la suite des livrets ordinaires.

A   , le   19

Le Trésorier payeur général,

La caisse d'épargne d
Le receveur des postes d   } a reçu de
M. le Trésorier payeur général d   les   livrets énumérés dans l'état ci-dessus, lesquels s'élevaient au moment de l'envoi à la somme totale de (1) *(en toutes lettres)*
ces livrets étant accompagnés du récépissé n°   , en date du   , constatant l'application du versement de frs. (2) *(en toutes lettres)*
au compte { caisse des dépôts (caisses d'épargne et de prévoyance).
             { versements des receveurs des postes.

            Vu :   A   , le   19

      Le Directeur de service   *Le* { *Caissier principal,*
     à la caisse d'épargne d   { *Receveur des postes,*

Nota — Les versements intéressant le compte « Produits de l'aliénation etc. » ne doivent pas être confondus dans un même bordereau avec ceux qui se rapportent au compte « Deniers pupillaires » (Instruction § 16 — C — 3ᵉ alinéa).

MODÈLE N° 8.

INSTRUCTION
du 15 juin 1909, § 11

Format tellière.

SERVICE DÉPARTEMENTAL

COMPTABILITÉ DES DENIERS PUPILLAIRES

Chiffre numérique
du département.

DÉPARTEMENT

d

BORDEREAU des retraits à opérer sur les sommes versées à la caisse d'épargne d et appartenant aux pupilles du département.

NOMS DES PUPILLES	NUMÉROS MATRICULES des pupilles.	NUMÉROS des LIVRETS (1)	MONTANT des LIVRETS	MONTANT des RETRAITS	OBSERVATIONS
1	2	3	4	5	6
		A reporter.			

(1) Les livrets de la série *bis* seront, le cas échéant, classés à la suite des livrets ordinaires.

NOMS DES PUPILLES	NUMÉROS MATRICULES des pupilles.	NUMÉROS des LIVRETS (1)	MONTANT des LIVRETS	MONTANT des RETRAITS	OBSERVATIONS
1	2	3	4	5	6
		Reports ..			
		Totaux...	(2)	(3)	

(1) Les livrets de la série *bis* seront, le cas échéant, classés à la suite des livrets ordinaires.

A   , le   19

Le Trésorier payeur général,

La caisse d'épargne d
Le receveur des postes d
payeur général d   les
de l'envoi à la somme de (2) *(en toutes lettres)*
date du

} a reçu du trésorier

livrets énoncés ci-dessus s'élevant au moment
ainsi qu'une ampliation de l'arrêté préfectoral en
autorisant le remboursement de la somme totale de (3) *(en toutes lettres)*

A   , le   19

Le { *Caissier principal,*
    { *Receveur des postes,*

DÉCLARATION DE RECETTE AU COMPTE :

« Produit de l'aliénation des biens ».

Vu :

Le Directeur de service
à la caisse d'épargne d

Le trésorier payeur général, soussigné, déclare qu'il a
été fait recette de la somme de *(en toutes lettres)*
      montant du présent bordereau,
au C/ « Produit de l'aliénation etc. » suivant récépissé n°
en date du   délivré par lui-même
ou le receveur des finances de l'arrondissement d

Modèle Nº 9.

COMPTABILITÉ DES DENIERS PUPILLAIRES

INSTRUCTION
du 15 juin 1909, § 11.

Format tellière.

Chiffre numérique
du département.

DÉPARTEMENT

d

LIVRETS des pupilles du département transmis à la caisse d'épargne
d   pour l'inscription des intérêts.

NOMS DES PUPILLES	NUMÉROS MATRICULES des pupilles.	NUMÉROS des LIVRETS (1)	MONTANT ACTUEL des livrets.	MONTANT des INTÉRÊTS INSCRITS sur les livrets. (2)	OBSERVATIONS
1	2	3	4	5	6
		A reporter.			

(1) Les livrets de la *série bis* seront classés à la suite des livrets ordinaires.
(2) Le montant des intérêts (col. 5) sera inscrit par le trésorier général, au retour des livrets.

NOMS DES PUPILLES	NUMÉROS MATRICULES des pupilles.	NUMÉROS des LIVRETS (1)	MONTANT ACTUEL des livrets.	MONTANT des INTÉRÊTS INSCRITS sur les livrets. (2)	OBSERVATIONS
1	2	3	4	5	6
		Reports ..			
		Totaux...	(3)		

(1) Les livrets de la série *bis* seront classés à la suite des livrets ordinaires.
(2) Le montant des intérêts (col. 5) sera inscrit par le trésorier général, au retour des livrets.

A   , le   19

Le Trésorier payeur général,

La caisse d'épargne d
Le receveur des postes d
général d   les   a reçu du trésorier
somme de (3) *(en toutes lettres)*   livrets énumérés ci-dessus s'élevant au moment de l'envoi à la

    Vu :   A   , le   19

Le Directeur de service
à la caisse d'épargne d   Le { *Caissier principal,* *Receveur des postes,*

NOTA. — Au moment de la restitution des livrets au Trésorier général, celui-ci en donnera décharge sur les formules employées à cet usage soit par le service postal, soit par les caisses d'épargne privées.

SERVICE DÉPARTEMENTAL

COMPTABILITÉ DES DENIERS PUPILLAIRES

MODÈLE N° 10.

INSTRUCTION
du 15 juin 1909, § 12.

Format tellière.

Chiffre numérique
du département.

DÉPARTEMENT

d

BORDEREAU des versements effectués à la caisse d'épargne en vue de l'ouverture de livrets.

Le trésorier général chargé de la gestion des biens des pupilles du département d   ,
sous la surveillance du préfet, tuteur, adresse au { receveur des postes / caissier de la caisse d'épargne } d   un
récépissé n°   en date du   constatant l'application du versement de (*en toutes lettres et total des colonnes 4 et 5.*)   au compte { versements des receveurs des postes / caisse des dépôts (caisses d'épargne et de prévoyance). } en vue de
l'ouverture de livrets au nom des pupilles ci-après :

NOMS ET PRÉNOMS DES PUPILLES	NUMÉROS MATRICULES des pupilles.	DATES DE NAISSANCE des pupilles.	SOMMES A INSCRIRE SUR LES LIVRETS		OBSERVATIONS
			Série ordinaire.	Série spéciale.	
1	2	3	4	5	6
		A reporter...			

NOMS ET PRÉNOMS DES PUPILLES 1	NUMÉROS MATRICULES des pupilles. 2	DATES DE NAISSANCE des pupilles. 3	SOMMES A INSCRIRE SUR LES LIVRETS		OBSERVATIONS 6
			Série ordinaire. 4	Série spéciale. 5	
		Report			

Vu pour autorisation à M. le Trésorier payeur
général d'effectuer les placements indiqués ci-dessus
à { la caisse nationale d'épargne
{ la caisse d'épargne d

A , le 19

Le Trésorier payeur général,

A , le 19

Le Préfet,

La caisse d'épargne d
Le receveur des postes d
général d   le récépissé désigné ci-dessus.

{ a reçu du trésori

Vu :

A , le 19

*Le Directeur de service
à la caisse d'épargne d .*

Le { *Caissier principal,*
{ *Receveur des postes,*

Nota. — La demande de livrets aux caisses d'épargne privées devra être appuyée des certificats d'origine prévus par l'article 36, 3° alinéa de la loi du 27 juin 1904.

MODÈLE N° 11.

INSTRUCTION
du 15 juin 1909, § 15.

Format double carré
0,85 × 0,55.

COMPTABILITÉ DES DENIERS PUPILLAIRES

Département d

LIVRE SOMMIER DE L'ACTIF

DES PUPILLES DU DÉPARTEMENT

(Lois des 27 juin 1904, 18 décembre 1906 et décret du 19 mai 1909.)

Numéro matricule :

Date de naissance du pupille :

Date à partir de laquelle les revenus des biens énoncés au paragraphe premier
ci-dessous seront encaissés au profit du pupille :

ACTIF DU PUP[ILLE]

Pour les opérations des recettes et des dépenses voir le [...]

PARAGRAPHE I

BIENS NE PROVENANT PAS DU TRAVAIL ET DES ÉCONOMIES DU PUPILLE

BIENS IMMOBILIERS (TITRES CONFIÉS A LA GARDE DU PRÉFET) — BIENS MOBILIERS (TITRES, VALEURS [...])

Nature des immeubles.	Situation des immeubles.	Valeur approximative des immeubles.	Affermage des maisons et biens ruraux.						Dates d'échéance des inscriptions hypothécaires prises en garantie des fermages.	Observations.	Désignation des rentes, valeurs, et numéros des titres.	Jouissance des titres.	Rentes, valeurs et créances.		Époques d'échéance.	
			Noms et prénoms des fermiers et locataires.	Domicile des fermiers et locataires.	Dates d'entrée en jouissance.	Dates d'expiration des baux.	Prix annuel des baux.	Échéance des paiements.					Évaluation des rentes, valeurs et créances. Rentes françaises et étrangères. (2)	Valeurs diverses. (2)	Du capital.	Des i[ntérêts].
1	2	3	4	5	6	7	8	9	10	11	12	13	14	15	16	

(1) Les revenus des biens et capitaux appartenant au pupille, à l'exception de ceux provenant de son travail et de ses économies, sont perçus au profit du département jusqu'à l'âge de 18 ans (Loi du 27 juin 1904, art. 18.)
(2) Les sommes à inscrire dans les colonnes 14 et 15 sont celles dont il est passé écriture conformément au § 12 de la circulaire du 30 mai 1901.

ptes individuels », folio :

									PARAGRAPHE II BIENS PROVENANT DU TRAVAIL ET DES ÉCONOMIES DU PUPILLE (1) Titres de rente 3 pour 100.				LIVRET DE LA CAISSE DE RETRAITE POUR LA VIEILLESSE n°		CONTRAT DE PLACEMENT				

A LA GARDE DU TRÉSORIER GÉNÉRAL) (1)

	Dates d'échéance des inscriptions hypothécaires.	Observations.	Bijoux et objets précieux.			Numéros des titres.	Jouissance des titres.	Montant de la rente annuelle.	Observations.	Dates des versements.	Montant du capital du livret après chaque versement.	NOMS et prénoms des patrons.	DOMICILE des patrons.	DATES d'entrée en service.	DATES d'expiration du contrat de placement.	SOMMES à verser annuellement au compte des deniers pupillaires.
			Désignation des bijoux et objets précieux.	Estimation des bijoux et objets.	Observations.											
	19	20	21	22	23	24	25	26	27	28	29	30	31	32	33	34

MODÈLE N° 12.

INSTRUCTION
du 15 juin 1909, § 16.

Format double carré
0,85 × 0,55.

COMPTABILITÉ DES DENIERS PUPILLAIRES

Département d

LIVRE DES COMPTES INDIVIDUELS

DES PUPILLES DU DÉPARTEMENT

(Lois des 27 juin 1904, 18 décembre 1906 et décret du 19 mai 1909.)

Date de la naissance du pupille:

Date à partir de laquelle les revenus des biens appartenant au pupille et qui ne proviennent pas de son travail et de ses économies seront encaissés à son profit:

N° **MATRICULE:**

COMPTE DU PUP[ILLE

Pour la composition de l'actif, voir le[...]

RECETTES														EMPLOI DES RECETTES — Versements à la caisse d'épargne.		OPÉRATIONS PORTANT TRANSFOR[MATION] — Deniers dont l'importance ne permet pas le placement à la caisse d'épargne ou qui être directement employés en versements à la caisse des retraites ou au paiement de dépenses, retraits de fonds à la caisse d'épargne; aliénation des biens mobiliers et im[mobiliers].					
TITRES DE RECETTES								RECOUVREMENTS EFFECTUÉS													
Numéros des titres.	Dates des titres.	Nom, prénoms et domicile des débiteurs.	Sommes trouvées sur le pupille ou remises en son nom, etc.	Produit du travail ou des économies.	Revenus des biens et capitaux.	Total des produits à recouvrer au profit du pupille.	Revenus des biens et capitaux à encaisser au profit du département. (mémoire.)	Dates des recouvrements.	Sommes trouvées sur le pupille ou remises en son nom, etc.	Produit du travail ou dus économies.	Revenus des biens et capitaux.	Total des recouvrements effectués au profit du pupille.	Au profit du département. Revenus des biens et capitaux. (mémoire.) (1)	Dates des versements.	Montant des versements (2).	Date des arrêtés préfectoraux autorisant les opérations. (Sauf le cas de conversion en rente d'une partie du livret de caisse d'épargne.)	Dates auxquelles les opérations ont été effectuées.	Deniers dont l'importance ne permet pas le placement à la caisse d'épargne ou réservés en vue de versements à la caisse des retraites ou du paiement de dépenses affectives (3)	Retraits de fonds à la caisse d'épargne.	Désignation des titres et valeurs vendus ou remboursés et des immeubles aliénés ou gageant des emprunts.	Produit de la vente, du remboursement, de l'aliénation ou de l'emprunt.
1	2	3	4	5	6	7	8	9	10	11	12	13	14	15	16	17	18	19	20	21	22

(1) Les revenus des biens et capitaux appartenant au pupille, à l'exception de ceux provenant de son travail et de ses économies, sont perçus au profit du département jusqu'à l'âge de 18 ans à titre d'indemnité de frais d'entretien (Loi du 27 juin 1904, art. 28).

(2) Le total de la colonne 16 doit être égal à celui de la colonne 13, déduction faite des recettes (col. 19) qui auraient été employées directement au payement de dépenses diverses ou à des achats [de rente...]

(3) L'ensemble des versements inscrits dans les colonnes 39 et 42 doit être égal au total des colonnes 16 et 32.

(4) L'ensemble des retraits inscrits dans les colonnes 39 et 43 doit être égal au total de la colonne 20.

(5) Ajouter s'il y a lieu le mot « nationale ».

FOLIO N°

N° MATRICULE:

er de l'actif », folio:

DIMINUTION DE L'ACTIF DU PUPILLE: COMPTE DES DÉPENSES								FRAIS DIVERS AVANCÉS DANS L'INTÉRÊT DU PUPILLE (pour mémoire.)			LIVRET DE LA CAISSE (2) D'ÉPARGNE (1)									
EMPLOI DES DENIERS NON PLACÉS A LA CAISSE D'ÉPARGNE; DES FONDS RETIRÉS DE LA CAISSE D'ÉPARGNE; DU PRODUIT DE L'ALIÉNATION DES BIENS MOBILIERS ET IMMOBILIERS											NUMÉRO SPÉCIAL						NUMÉRO			
Achats de rente 3 p. 100.		Versements	Dépenses diverses.		Total	Reliquat versé à la caisse d'épargne.		Dates			Dates	Placements.		Retraits.		Net				
Montant de la rente	Prix d'achat.	A la caisse des retraites pour la vieillesse.	Motif des dépenses.	Montant des dépenses.	des sommes employées ou dépensées (col. 26, 27 et 29.)	Date du versement.	Montant du reliquat. (Différence entre les col. 23 et 30.)	des opérations.	Débit.	Crédit.	des opérations.	Capitaux versés. (3)	Intérêts inscrits.	Capitaux prélevés. (4)	Intérêts faisant retour au département.	du livret après chaque opération.	Versements. (3)	Retraits. (4)	du livret après chaque opération.	Intérêts
25	26	27	28	29	30	31	32	33	34	35	36	37	38	39	40	41	42	43	44	45

ÉPARTEMENT

MODÈLE Nº 13.

INSTRUCTION
du 15 juin 1909, § 17.

Format tellière.

SERVICE DÉPARTEMENTAL

COMPTABILITÉ DES DENIERS PUPILLAIRES

BORDEREAU DÉTAILLÉ MENSUEL

DES RECETTES ET D'EMPLOI DES RECETTES

EFFECTUÉES

POUR LE COMPTE DES PUPILLES DU DÉPARTEMENT

Mois d   19

NOMS DES PUPILLES	NUMÉROS MATRICULES des pupilles.	NUMÉROS des TITRES de recettes.	RECETTES EFFECTUÉES au titre du compte «Frais avancés pour le compte des pupilles.»	RECETTES EFFECTUÉES AU PROFIT DES PUPILLES				RELIQUATS non employés le mois précédent.	TOTAL des sommes à employer (col. 5 à 9.)	DATES des RECETTES à la Trésorerie générale.	EMPLOI DES FONDS APPARTENANT AUX PUPILLES				DÉPENSES EFFECTIVES	TOTAL des sommes employées pendant le mois.	RELIQUAT non EMPLOYÉ à reporter au mois suivant.	OBSERVATIONS
				Deniers pupillaires.			Produits de l'aliénation des biens, etc.				Dates des opérations.	Placements.			DÉPENSES EFFECTIVES			
				Art. 1er — Sommes trouvées sur les pupilles, etc.	Art. 2. — Produits du travail.	Art. 3. — Revenus des biens, etc.						Versements à une caisse d'épargne.	Versements à la caisse des retraites.	Achats de rentes 3 p. 100				
1	2	3	4	5	6	7	8	9	10	11	12	13	14	15	16	17	18	19
À reporter...............																		

Le total de la colonne 18 doit être égal aux soldes des comptes «Deniers pupillaires» et «Produits de l'aliénation des biens meubles et immeubles.»
Indiquer dans la colonne «Observations» à l'occasion des premiers versements à une caisse d'épargne, le numéro du livret délivré. — Mentionner, en outre, dans la dite colonne, les recettes qui ne seraient pas encore justifiées par des titres de perception.

NOMS DES PUPILLES	NUMÉROS MATRICULES des pupilles.	NUMÉROS des TITRES de recettes.	RECETTES EFFECTUÉES au titre du compte « Frais avancés pour le compte des pupilles ».	RECETTES EFFECTUÉES AU PROFIT DES PUPILLES				RELIQUATS non EMPLOYÉS le mois précédent.	TOTAL des SOMMES à employer (col. 5 à 9).
				Deniers pupillaires.					
				Art. 1er — Sommes trouvées sur les pupilles, etc.	Art. 2. — Produits du travail.	Art. 3. — Revenus des biens, etc.	Produits de l'aliénation des biens, etc.		
1	2	3	4	5	6	7	8	9	10
Reports.........									
Totaux.........									

le total de la colonne 18 doit être égal aux soldes des comptes « Deniers pupillaires » et « Produits de l'aliénation des biens meubles et immeubles. »
indiquer dans la colonne « Observations » à l'occasion des premiers versements à une caisse d'épargne, le numéro du livret délivré — Mentionner, en outre, dans la dite

DATES des RECETTES à la Trésorerie générale.	EMPLOI DES FONDS APPARTENANT AUX PUPILLES				DÉPENSES EFFECTIVES	TOTAL des SOMMES employées pendant le mois.	RELIQUAT non EMPLOYÉ à reporter au mois suivant.	OBSERVATIONS
	Placements.							
	Dates des opérations.	Versements à une caisse d'épargne.	Versements à la caisse des retraites.	Achats de rentes 3 p. 100.				
11	12	13	14	15	16	17	18	19

colonne, les recettes qui ne seraient pas encore justifiées par des titres de perception.

RENTES ACHETÉES PAR LES CAISSES D'ÉPARGNE POUR LE COMPTE DES PUPILLES

NOMS DES PUPILLES	NUMÉROS MATRICULES des pupilles.	LIVRETS QUI ONT SUPPORTÉ LES ACHATS					RENTES ACHETÉES		
		NUMÉROS des livrets.	DATES des opérations.	MONTANT des livrets avant les achats.	SOMMES employées.	NET des livrets après les achats.	NUMÉROS des titres.	ÉPOQUES de jouissance.	MONTANT des rentes.
1	2	3	4	5	6	7	8	9	10

RENTES ACHETÉES PAR LE TRÉSORIER GÉNÉRAL POUR LE COMPTE DES PUPILLES
(TITRES ENTRÉS DANS LE PORTEFEUILLE DEPUIS LA PRÉCÉDENTE SITUATION)

| NOMS DES PUPILLES | NUMÉROS MATRICULES des pupilles. | NUMÉROS des TITRES. | ÉPOQUES de JOUISSANCE. | MONTANT des RENTES. | SOMMES PRIMITIVEMENT consacrées aux achats. | SOMMES EFFECTIVEMENT employées. | RELIQUATS A CONSTATER en recette au compte « Produit de l'aliénation etc. » et à verser à une caisse d'épargne. |
| 1 | 2 | 3 | 4 | 5 | 6 | 7 | 8 |

Certifié conforme aux écritures de la Trésorerie générale.

A   , le   190

Le Trésorier payeur général.

SERVICE DÉPARTEMENTAL

MODÈLE Nº 14.

INSTRUCTION
du 15 juin 1909, § 12.

Format tellière.

Chiffre numérique
du département.

DÉPARTEMENT

d

COMPTABILITÉ DES DENIERS PUPILLAIRES

*ÉTAT des créances restant à recouvrer sur les produits du travail
des pupilles à la date du (1)*

NOMS DES PUPILLES	NOMS DES DÉBITEURS	DOMICILE DES DÉBITEURS	TITRES DE PERCEPTION		RESTES A RECOUVRER	OBSERVATIONS (motifs des non-recouvrements).
			NUMÉROS des titres.	DATES des titres.		
1	2	3	4	5	6	7
				TOTAL...		

Certifié exact le présent état.

A   , le   19

Le Trésorier général,

(1) 31 mars, 30 juin, 30 septembre.

MODÈLE N° 15.

INSTRUCTION
du 15 juin 1909. § 18.

Format tellière.

Chiffre numérique
du département.

DÉPARTEMENT

d

M.

trésorier payeur général.

SERVICE DÉPARTEMENTAL

COMPTABILITÉ DES DENIERS PUPILLAIRES

ÉTAT

DES RESTES A RECOUVRER AU[1]

[1] 31 décembre ou à la date de la remise de service en cas de mutation du comptable.

TABLEAU N° 1

SITUATION par nature de produits des titres de perception, des recouvrements effectués et des restes à recouvrer.

DÉSIGNATION des PRODUITS	TITRES DE PERCEPTION			RECOUVREMENTS EFFECTUÉS pendant la gestion.	RESTES à RECOUVRER à la fin de la gestion
	RESTES à recouvrer de la gestion précédente déduction faite des non-valeurs.	TITRES émis pendant la gestion.	TOTAUX		
1	2	3	4	5	6
DENIERS PUPILLAIRES					
Article premier.					
Sommes trouvées sur les pupilles, remises en leur nom au moment de l'abandon ou qui leur adviennent au cours de leur minorité...................					
Art. 2.					
Produit du travail des pupilles.					
Art. 3.					
Revenus de tous les biens meubles et immeubles sans distinction d'origine, quand le pupille est âgé de 18 ans et des seuls biens provenant de son travail et de ses économies s'il n'a pas encore atteint cet âge.................					
Produit de l'aliénation des biens meubles et immeubles appartenant aux pupilles...................					
Frais divers avancés pour le compte des pupilles du département......................					
Totaux............					

TABLEAU Nº 2

DÉVELOPPEMENT par débiteur des restes à recouvrer
inscrits dans la colonne nº 6 du tableau nº 1.

NOMS et PRÉNOMS des pupilles.	NUMÉROS MATRICULES des pupilles.	DÉSIGNATION des PRODUITS (1)	DATES des TITRES de perception.	NUMÉROS DES TITRES de PERCEPTION.	NOMS et DOMICILE des débiteurs.	MONTANT DES RESTES à recouvrer.	INDICATIONS des MOTIFS qui se sont opposés au recouvrement.	INDICATION PAR LE PRÉFET des créances dont l'admission en non-valeurs est proposée au conseil de famille.		DÉVELOPPEMEMT d'après L'ARRÊTÉ PRÉFECTORAL qui suit, du montant des reliquats.		
								Sommes.	Motifs.	A reporter à la gestion suivante.	A passer en non-valeur.	A mettre à la charge du comptable.
1	2	3	4	5	6	7	8	9	10	11	12	13
					TOTAUX....							

(1) Les restes à recouvrer devront être classés et totalisés par comptes et articles de comptes.

Le trésorier payeur général soussigné certifie l'exactitude des renseignements contenus dans les 8 premières colonnes de l'état qui précède.

A , le 19

ARRÊTÉ DU PRÉFET

Le préfet du département d

Vu la délibération du conseil de famille en date du   19   , relative à l'apurement des créances
    mises en recouvrement pendant la gestion de M.   trésorier génér
    de   au   19

ARRÊTE :

Art. 1ᵉʳ.

Le trésorier payeur général est autorisé à déduire du montant des titres de perception de la gestion expirée
total des restes à recouvrer à la clôture dudit exercice, fixés à la somme de

Art. 2.

Les créances à reporter à la gestion en cours et dont le trésorier payeur général devra poursuivre le recouvreme
sur les débiteurs intéressés, au titre des produits ci-après dudit exercice, sont arrêtés à la somme de
, savoir :

DÉSIGNATION DES PRODUITS	SOMMES à REPORTER

Art. 3.

Les reliquats qui doivent être passés en non valeurs et dont le trésorier payeur général est
autorisé à abandonner le recouvrement sont fixés à la somme de
, savoir :

DÉSIGNATION DES PRODUITS	SOMMES à PASSER en non-valeurs.

Art. 4.

Les reliquats qui doivent être reportés à la gestion en cours et dont le comptable fera immédiatement recette de ses fonds personnels, sauf son recours contre qui de droit, sont arrêtés à
, savoir :

DÉSIGNATION DES PRODUITS	SOMMES MISES à la charge du comptable.

TOTAL ÉGAL au montant des restes à recouvrer détaillé au présent état..........

A   , le   19

Le Préfet,

DÉPARTEMENT

MODÈLE N° 16.

INSTRUCTION
du 15 juin 1909, § 19.

Format tellière.

Ce modèle comporte
des pages intercalaires.

SERVICE DÉPARTEMENTAL

COMPTABILITÉ DES DENIERS PUPILLAIRES

SITUATION DES COMPTES

DES PUPILLES DU DÉPARTEMENT AU 31 DÉCEMBRE 19

(Article 19 du décret.)

NOM ET PRÉNOMS DES PUPILLES	NUMÉROS MATRICULES	RENTES FRANÇAISES ET ÉTRANGÈRES (Montant de la rente annuelle.)	VALEURS MOBILIÈRES DIVERSES (Évaluation.)	BIJOUX et OBJETS PRÉCIEUX (Évaluation.)	IMMEUBLES (Évaluation.)	LIVRETS DE CAISSE D'ÉPARGNE					LIVRETS de LA CAISSE des retraites de la vieillesse (Montant des versements au 31 décembre.)	NUMÉRAIRE EN CAISSE au 31 décembre.	FRAIS AVANCÉS pour LE COMPTE DES PUPILLES		OBSERVATIONS
						LIVRETS SÉRIE SPÉCIALE		LIVRETS ORDINAIRES							
						Net au 31 décembre.	Intérêts de l'année encaissés par le département (1).	Net au 31 décembre.	Intérêts de l'année.	Valeur du livret au 31 décembre.			Débit.	Crédit.	
1	2	3	4	5	6	7	8	9	10	11	12	13	14	15	16
TOTAUX															

Les totaux des colonnes 3, 4, 5, 7 et 9 doivent être égaux aux soldes des comptes de portefeuille au 31 décembre.
Le total de la colonne 11 doit être égal au solde des comptes « Deniers pupillaires » et « Produit de l'aliénation des biens meubles et immeubles. »
La différence entre les colonnes 14 et 15 doit être égale au solde débiteur, au 31 décembre, du compte : Frais divers avancés, etc. ».

(1) Portez dans cette colonne les intérêts afférents à la dernière année écoulée et qui ont par suite été inscrits sur les livrets pendant l'année en cours lors de l'établissement de la présente situation.

Le trésorier payeur général certifie l'exactitude des renseignements contenus dans l'état qui précède.

A   , le   19

<table>
<tr><td>

DÉPARTEMENT

d

M.

trésorier payeur général.

</td><td>

Chiffre numérique
du département.

</td><td>

Modèle N° 17.

INSTRUCTION

du 15 juin 1909, § 20.

Format tellière.

</td></tr>
</table>

PROCÈS-VERBAL

dressé en exécution de l'article 203 du décret sur la comptabilité départementale en date du 12 juillet 1893, pour constater la situation de M   , trésorier payeur général du département d   , 1° en ce qui concerne les titres et valeurs dont le montant forme le solde débiteur des comptes de services hors budget décrits sous les numéros 19 à 26 du compte de gestion, et 2° des titres et valeurs dont il est comptable en vertu des lois des 27 juin 1904, 18 décembre 1906, sur le service des enfants assistés.

L'an mil neuf cent , le à heure du

Nous, délégué à cet effet par arrêté de **M.** le Préfet d , en date d , agissant conformément aux prescriptions de l'article 203 du décret sur la comptabilité départementale en date du 12 juillet 1893, nous sommes présenté au bureau de **M** , trésorier payeur général du département d , ou, ayant trouvé **M** , nous l'avons requis de mettre sous nos yeux les titres et valeurs dont il est présentement détenteur, en sa qualité de comptable du département, ainsi que les résultats des comptes ouverts dans ses écritures pour ces mêmes valeurs.

Obtempérant à notre demande, **M** , a compté immédiatement devant nous les titres et valeurs dont le détail est donné ci-après, et dont le montant a été comparé au même moment avec le solde débiteur de chacun des comptes respectifs suivants:

	SOLDES DÉBITEURS	
PREMIÈRE SECTION *(Emprunts départementaux et valeurs diverses en dépôt.)*	fr.	c.
Obligations provisoires de l'emprunt départemental......................................		
— définitives de l'emprunt départemental......................................		
— en dépôt......................................		
— départementales déposées pour remboursement......................................		
Coupons d'arrérages des obligations départementales......................................		
Obligations départementales remboursées......................................		
Bordereaux d'escompte sur versements anticipés des souscripteurs à l'emprunt départemental......................................		
Valeurs diverses en dépôt......................................		
Total des soldes des comptes de valeurs de la première section..		
DEUXIÈME SECTION *(Valeurs appartenant aux pupilles du département.)*		
Livrets de caisse d'épargne appartenant aux pupilles...............		
Titres et valeurs appartenant aux pupilles........................		
Objets précieux appartenant aux pupilles........................		
Total des soldes des comptes de valeurs de la deuxième section....................		
Total général des soldes des comptes de valeurs....................		

PREMIÈRE SECTION

NUMÉROS D'ORDRE	NATURE ET DÉSIGNATION DES VALEURS	MONTANT DÉTAILLÉ DE CHAQUE valeur.	TOTAL par NATURE DE VALEURS
1	2	3	4
	Totaux de la première section............		

Modèle N° 17 (Suite).

DEUXIÈME SECTION

(Valeurs appartenant aux pupilles du département.)

NUMÉROS D'ORDRE	NATURE ET DÉSIGNATION DES VALEURS	MONTANT DÉTAILLÉ DE CHAQUE valeur.	TOTAL par NATURE DE VALEURS
1	2	3	4
	A reporter		

27

DEUXIÈME SECTION (Suite.)

(Valeurs appartenant aux pupilles du département.)

NUMÉROS D'ORDRE	NATURE ET DÉSIGNATION DES VALEURS	MONTANT DÉTAILLÉ DE CHAQUE valeur.	TOTAL par NATURE DE VALEURS
1	2	3	4
	Reports		
	Totaux de la deuxième section		

Ayant ainsi reconnu que les titres et valeurs détaillés ci-dessus existent matériellement dans le portefeuille du trésorier payeur général, et que leur montant est conforme à celui des soldes des comptes destinés à décrire l'entrée et la sortie des dites valeurs, nous avons clos le présent procès-verbal, et nous avons invité le comptable à le signer avec nous en quadruple expédition, dont la première restera déposée à la préfecture, la seconde entre les mains du trésorier payeur général, la troisième sera adressée à M. le Ministre des Finances (Direction générale de la comptabilité publique), et la quatrième à M. le Ministre de l'Intérieur.

A   , le   19

OPÉRATIONS DE TRÉSORERIE

MODÈLE N° 18.

INSTRUCTION
du 15 juin 1909,
§ § 24 et 25.

Format tellière.

Chiffre numérique
du département.

DÉPARTEMENT

d

COMPTABILITÉ DES DENIERS PUPILLAIRES

EXTRAIT DE L'ÉTAT RÉCAPITULATIF n°   *comprenant les titres de perception émis par le préfet*
d   *à la date du*   *19*   *, à recouvrer dans l'arrondissement*
d

PERCEPTIONS	NUMÉROS DES TITRES	MONTANT DES TITRES	OBSERVATIONS
1	2	3	4
TOTAL........			

Certifié exact le présent extrait.

A   , le   19

Le Trésorier payeur général, (1)

(1) Le trésorier payeur général du lieu de recouvrement.

DÉPARTEMENT

d

MODÈLE N° 19.

INSTRUCTION
du 15 juin 1909,
§§ 24 et 25.

Format tellière.

Divers départements ;

L/C de recouvrements des deniers pupillaires.

COMPTABILITÉ DES DENIERS PUPILLAIRES

CARNET SOMMAIRE DES DROITS

ET PRODUITS CONSTATÉS

Année 19

CE CARNET DOIT PRÉSENTER :

à la trésorerie générale..	1° un folio pour l'ensemble du département ;	
	2° — chaque arrondissement de sous-préfecture ;	
	3° — chaque perception de l'arrondissement chef-lieu ;	
dans les recettes des finances	1° — l'ensemble de l'arrondissement ;	
	2° — chaque perception de l'arrondissement.	

générale d
ecette des finances d
rception d

Pupilles du département

d

	DATES DES TITRES DE PERCEPTION et des bordereaux récapitulatifs.	SOMMES à RECOUVRER	DATES D'ENVOI DES TITRES ou des extraits de bordereaux récapitulatifs aux comptables subordonnés.	RENTRÉE DES TITRES ou des EXTRAITS DE BORDEREAUX récapitulatifs.		DATES des VERSEMENTS	COMPTABLE qui a effectué le versement.	NUMÉROS D'ORDRE DES TITRES de perception ou des bordereaux récapitulatifs auxquels s'appliquent les versements.	RECOUVREMENTS	CRÉANCES A REPORTER à la gestion suivante.	CRÉANCES ADMISES en non-valeurs.	SOMMES MISES à la charge des comptables
				Dates des rentrées.	Sommes recouvrées.							
1	2	3	4	5	6	7	8	9	10	11	12	13

des colonnes 10, 11, 12 doit donner celui de la colonne 8.

DÉPARTEMENT

———

ARRONDISSEMENT

———

PERCEPTION

———

MODÈLE N° 20.

INSTRUCTION
du 15 juin 1909,
§§ 24, 25 et 27.

Format écu.

Divers départements ;

L/C de recouvrements de deniers pupillaires.

CARNET DE PRISE EN CHARGE

DES TITRES DE PERCEPTION

Année 19

Deuxième section du livre des Comptes divers.

TITRES DE PERCEPTION

Pupilles du département d

NUMÉROS MATRICULES des pupilles.	NOMS ET PRÉNOMS des PUPILLES	NOMS ET PRÉNOMS des DÉBITEURS	DOMICILE des DÉBITEURS	NUMÉROS des TITRES	DATES des TITRES	SOMMES À RECOUVRER	RATTACHEMENT: (n°s des titres de perception, précédemment émis auxquels se rapportent les créances restant à recouvrer).	OBSERVATIONS DATES des avertissements adressés aux débiteurs, nature et dates des poursuites, etc.	RECOUVREMENTS DATES des recouvrements.	NUMÉROS des quittances à souche.	SOMMES recouvrées.	RESTES À RECOUVRER au 31 décembre.	CRÉANCES À REPORTER à la gestion suivante.	ADMISSION EN NON-VALEURS Dates des décisions.	Sommes admises en non-valeurs.	SOMMES MISES à la charge des comptab
1	2	3	4	5	6	7	8	9	10	11	12	13	14	15	16	17
				Totaux...												

Nota. — Le total des colonnes 12, 14, 16 doit donner celui de la colonne 7.

VERSEMENT du   19   MODÈLE N° 21.

OPÉRATIONS DE TRÉSORERIE

INSTRUCTION
dn 15 juin 1909
§§ 24, 25 et 27.

Divers départements ;
L/C de recouvrements de deniers pupillaires.

Format tellière.

Chiffre numérique
du département.

DÉPARTEMENT

ARRONDISSEMENT

PERCEPTION

ÉTAT détaillé des recettes effectuées pour le compte des pupilles
du département d

NOM DES PUPILLES	NUMÉROS MATRICULES des pupilles.	NOM ET DOMICILE des DÉBITEURS	NUMÉROS DES TITRES de perception. (1)	RECOUVREMENTS EFFECTUÉS (2)	OBSERVATIONS
1	2	3	4	5	6
			TOTAL..		

(1) Les recouvrements devront être groupés et totalisés par titre de perception. Les sommes recouvrées en l'absence de titres de perception seront inscrites à la suite de celles pour lesquelles des titres ont déjà été émis.

(2) Tout titre de perception intégralement recouvré sera joint au présent état.

Certifié exact le présent état de recouvrements s'élevant à la somme de
comprise dans mon versement.

Cet état est accompagné de   titres de perception intégralement recouvrés, portant les numéros ci-après
savoir : Titres n°ˢ

A   , le   19

Le Percepteur,

DÉPARTEMENT d

Chiffre numérique
du département.

M.
trésorier général.

OPÉRATIONS DE TRÉSORERIE

Divers départements ;
L/C de recouvrements de deniers pupillaires.
(Pupilles du département de la Seine.)

MODÈLE N° 22.

INSTRUCTION
du 15 juin 1909, § 24

Format tellière.

SITUATION des recettes et des dépenses faites pendant le mois du au 19

I. — RECETTES

NUMÉROS D'ORDRE	PERCEPTIONS	DATES DES ÉTATS DE RECOUVREMENT des percepteurs.	MONTANT DES RECETTES	NOMBRE DE PIÈCES jointes (1).	OBSERVATIONS
1	2	3	4	5	6
		A reporter........			

(1) États des recettes et titres de perception.

NUMÉROS D'ORDRE	PERCEPTIONS	DATES DES ÉTATS DE RECOUVREMENT des percepteurs.	MONTANT DES RECETTES	NOMBRE DE PIÈCES jointes (1).	OBSERVATIONS
1	2	3	4	5	6
		Reports.......			
	Retrait de fonds à la caisse d'épargne d				
	—	—	—		
	—	—	—		
	—	—	—		
	Récépissé du Trésor nº	du	19	»	
	—	—	19	»	
	—	—	19	»	
	TOTAUX..................				

(1) États des recettes et titres de perception.

II. — DÉPENSES

NUMÉROS D'ORDRE	OBJET DES DÉPENSES	MONTANT DES DÉPENSES	NOMBRE DE PIÈCES jointes	OBSERVATIONS
1	2	3	4	5
	Totaux......................	(2)		

III. — SITÚATION DU COMPTE AU 19

Solde créditeur d'après la précédente situation....................................

Recettes effectuées pendant le mois...

Dépenses effectuées..

SOLDE créditeur au 19 ......

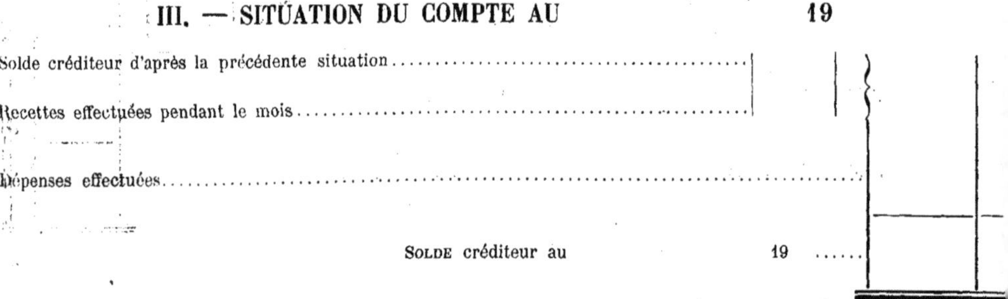

La présente situation, certifiée conforme à mes écritures, est adressée à M. le Receveur de l'Assistance publique à Paris, qui voudra bien m'accuser réception des pièces transmises et me faire parvenir sa quittance à souche de la somme de (2)

A , le 19

Le Trésorier payeur général,

DÉPARTEMENT d

M.

trésorier général.

MODÈLE N° 22 *bis*.

INSTRUCTION
du 15 juin 1909, § 24.

Format tellière.

SITUATION SOMMAIRE

DES RECETTES ET DES DÉPENSES

FAITES POUR LE COMPTE

DES PUPILLES DU DÉPARTEMENT DE LA SEINE

PENDANT LE   SEMESTRE DE 19

	RECETTES	DÉPENSES	SOLDES CRÉDITEURS
Opérations du mois d			
— —			
— —			
— —			
— —			
— —			
TOTAUX			
Solde créditeur au 19			
Solde créditeur au 19			

Vu et reconnu exact:

A Paris, le   19   .

Le Receveur de l'Assistance publique,

Certifié exact:

A   , le   19   .

Le Trésorier payeur général,

ADMINISTRATION
GÉNÉRALE
DE
L'ASSISTANCE PUBLIQUE
DE PARIS

PRÉFECTURE DU DÉPARTEMENT DE LA SEINE

MODÈLE N° 23.

INSTRUCTION
du 15 juin 1909, § 24

Format tellière

COMPTABILITÉ DES DENIERS PUPILLAIRES

BORDEREAU détaillé des sommes que le trésorier payeur général du département d aura à verser à la caisse d'épargne d   pour le compte des pupilles de l'Assistanc publique de Paris désignés ci-après.

NUMÉROS MATRICULES des pupilles. 1	NOMS des PUPILLES 2	NUMÉROS des LIVRETS 3	MONTANT des VERSEMENTS 4	OBSERVATIONS 5
		A reporter...		

Nota. — Les colonnes 1, 2, 3 et 4 seront remplies par le receveur de l'Assistance publique de Paris.

Les trésoriers généraux n'auront pas à intervenir pour les opérations à effectuer avec la caisse nationale d'épargne ; ces opérations seront assurées par le receveur de l'Assistance publique à Paris.

NUMÉROS MATRICULES des pupilles. 1	NOMS des PUPILLES 2	NUMÉROS des LIVRETS 3	MONTANT des VERSEMENTS 4	OBSERVATIONS 5
		Report		
		TOTAL		

NOTA. — Les colonnes 1, 2, 3 et 4 seront remplies par le receveur de l'Assistance publique de Paris.

Transmis avec mon récépissé comptable à la caisse d'épargne visée ci-dessus, qui voudra faire effectuer les insciptions nécessaires aux comptes des pupilles désignés dans le présent bordereau.

A , le 19

Le Trésorier payeur général,

Paris, le 19

Le Receveur de l'Assistance publique de Paris,

La caisse d'épargne d
d les
étaient accompagnés du récépissé n° , en date du
versement de *(en toutes lettres)*
caisse des dépôts (caisses d'épargne et de prévoyance).

Vu :

Le Directeur de service à la caisse d'épargne d

a reçu de M. le **Trésorier** général livrets énumérés dans l'état ci-dessus; ces livrets 19 , constatant l'application du au compte de la

A , le 19

Le Caissier principal,

ADMINISTRATION
GÉNÉRALE
DE
L'ASSISTANCE PUBLIQUE
DE PARIS

PRÉFECTURE DU DÉPARTEMENT DE LA SEINE

MODÈLE N° 24.

INSTRUCTION
du 15 juin 1909, § 24.

Format tellière.

COMPTABILITÉ DES DENIERS PUPILLAIRES

LIVRETS des pupilles de l'Assistance publique à Paris transmis à la caisse d'épargne de   pour l'inscription des intérêts.

NOMS DES PUPILLES	NUMÉROS MATRICULES des pupilles.	NUMÉROS des LIVRETS	MONTANT ACTUEL des livrets.	MONTANT des INTÉRÊTS INSCRITS sur les livrets.	OBSERVATIONS
1	2	3	4	5	6
		A reporter.			

NOTA. — Les colonnes 1, 2, 3, et 4 seront remplies par le receveur de l'Assistance publique à Paris ; le montant des intérêts (col. 5) sera inscrit par le trésorier général, au retour des livrets.

NOMS DES PUPILLES	NUMÉROS MATRICULES des pupilles.	NUMÉROS des LIVRETS	MONTANT ACTUEL des livrets.	MONTANT des INTÉRÊTS INSCRITS sur les livrets.	OBSERVATIONS
1	2	3	4	5	6
		Report ...			
		TOTAUX...	(1)	(2)	

NOTA. — Les colonnes 1, 2, 3 et 4 seront remplies par le receveur de l'Assistance publique à Paris; le montant des intérêts (col. 5) sera inscrit par le trésorier général au retour des livrets.

Le receveur de l'Assistance publique certifie conforme à ses écritures les sommes inscrites dans la colonne 4 du présent bordereau.

Paris, le   19 .

La caisse d'épargne d   a reçu du trésorier général de   les livrets énumérés ci-dessus s'élevant au moment de l'envoi à la somme de (1)

A   , le   19 .

Le Caissier principal,

Vu

Le Directeur de service à la caisse d'épargne d

Transmis à M. le Caissier principal de la caisse d'épargne d

A   , le   19 ·

Le Trésorier général,

Le trésorier général du département d certifie que les intérêts afférents à l'année 19 , inscrits sur les livrets énumérés dans le présent bordereau s'élèvent à la somme totale de (2)

Il déclare en outre s'être assuré que les sommes inscrites dans la colonne 4 du bordereau sont égales aux soldes des différents livrets à la date du

A   , le   19

<table>
<tr><td>ADMINISTRATION
GÉNÉRALE
DE
L'ASSISTANCE PUBLIQUE
DE PARIS</td><td>PRÉFECTURE DU DÉPARTEMEMT DE LA SEINE

DENIERS PUPILLAIRES</td><td>MODÈLE N° 25.

INSTRUCTION
du 15 juin 1909 § 24.

Format tellière</td></tr>
</table>

BORDEREAU des retraits à opérer par le trésorier payeur général du département d

sur les sommes versées à la caisse d'épargne d   , *pour le compte des pupilles de l'Assistance*

publique de Paris, désignés ci-après.

NOMS des PUPILLES	NUMÉROS des LIVRETS	MONTANT des RETRAITS	OBSERVATIONS
1	2	3	4
	A reporter….		

Nota. — Les colonnes 1, 2 et 3 seront remplies par le receveur de l'Assistance publique de Paris.

NOMS des PUPILLES 1	NUMÉROS des LIVRETS 2	MONTANT des RETRAITS 3	OBSERVATIONS 4
		Report	
	TOTAL	(1)	

Nota, — Les colonnes 1, 2 et 3 seront remplies par le receveur de l'Assistance publique de Paris.

Vu pour autorisation de retrait de la somme de (1) *(en toutes lettres)*

    Le Préfet de la Seine,

Paris, le   19

    Le Receveur de l'Assistance publique de Paris,

Transmis à la caisse d'épargne visée ci-dessus, pour des retraits être opérés suivant les indications énoncées dans le présent bordereau.

    A   , le   19

    Le Trésorier payeur général,

La caisse d'épargne d   a reçu du trésorier payeur général d   les   livrets énoncés ci-dessus ainsi qu'une ampliation de l'arrêté de M. le Préfet de la Seine, en date du   autorisant le remboursement

    A   , le   19

    Le Caissier principal,

Retraits opérés à la date du   19

    A   , le   19

    Le Trésorier payeur général,

    Vu :

    Le Directeur de service à la caisse d'épargne d

DÉPARTEMENT d

MODÈLE N° 26.

INSTRUCTION
du 15 juin 1909, § 25.

Format tellière.

OPÉRATIONS DE TRÉSORERIE

Divers départements ;

L/C de recouvrements de deniers pupillaires.

(Pupilles du département d   )

SITUATION des recettes et des dépenses faites pendant la dizaine du   au   19

I. — RECETTES

NUMÉROS D'ORDRE	PERCEPTIONS	DATES DES ÉTATS DE RECOUVREMENT des percepteurs.	MONTANT DES RECETTES	NOMBRE DE PIÈCES jointes (1).	OBSERVATIONS
1	2	3	4	5	6
		A reporter.......			

(1) États des recettes et titres de perception.

I. — RECETTES (Suite.)

NUMÉROS D'ORDRE	PERCEPTIONS	DATES DES ÉTATS DE RECOUVREMENT des percepteurs.	MONTANT DES RECETTES	NOMBRE DE PIÈCES jointes (1).	OBSERVATIONS
1	2	3	4	5	6
		Reports.......			
		Totaux........	(2)		

(1) États des recettes et titres de perception.

II. — DÉPENSES

NUMÉROS D'ORDRE	OBJET DES DÉPENSES	MONTANT DES DÉPENSES	NOMBRE DE PIÈCES jointes.	OBSERVATIONS
1	2	3	4	5
	Mandat sur le Trésor nº emis à l'ordre de mon collègue en vue de solder le compte....			
	Total..{ égal....... }{ supérieur.. } aux recettes....	(3)		

La présente situation, certifiée conforme à mes écritures est adressée à mon collègue du département d qui voudra bien m'accuser réception des pièces de recettes y annexées, et, en échange des pièces justificatives de la dépense totale de (3)...........
me faire parvenir :

1° Son récépissé comptable de somme égale au montat des recettes, soit de (2).....................

2° Un mandat sur le Trésor de somme égale à l'excédent des dépenses sur les recettes, soit de.

À , le 19

Le Trésorier payeur général,

<table>
<tr><td>(1)

DÉPARTEMENT
d (3)</td><td>ANNÉE 19

BUDGET DÉPARTEMENTAL

SERVICE DES ENFANTS ASSISTÉS</td><td>MODÈLE N° 27.

INSTRUCTION
du 15 juin 1909, § 28.

Format tellière.</td></tr>
</table>

FRAIS

DE RECOUVREMENT ET DE GESTION DES DENIERS PUPILLAIRES

(Loi du 27 juin 1904, art. 43 et 46-10°.)

ÉTAT présentant le décompte des sommes à rembourser par le département d (3)
à M. , trésorier général du département d
pour la période du au et concernant : 1° les frais d'imprimés ;
2° l'allocation forfaitaire afférente à ladite période, calculée d'après le nombre des comptes ouverts à la
Trésorerie générale à la date du (1) 19 .

(Arrêté ministériel du 29 mai 1909.)

Frais d'imprimés.	1/ Décompte du 2/ — 3/ — 4/ — 5/ — 6/ — 7/ — 8/ — 9/ — 10/ —	ci-joint. — — — — — — — — —
Allocation forfaitaire pour les (2) comptes ouverts à la trésorerie générale à la date du (1) 19	A raison de 1 franc jusqu'au 1.500e compte................... — de 0,75 du 1.501e au 2.500e compte................... — de 0,50 au delà du 2.500e compte...................	
	MONTANT de l'allocation annelle.........	
	Allocation afférente à la période du au	
	TOTAL à ordonnancer...................	(4)

Vu et présenté :

L'Inspecteur de l'Assistance publique,

Certifié par le trésorier payeur général, soussigné,

A , le 19

Arrêté le présent compte à la somme
de

A , le 19

Le Préfet,

(1) Pour la première fois, date de la mise en application du nouveau service ; par la suite : 1er janvier.
(2) Nombre des comptes individuels.
(3) Département dans lequel les pupilles sont immatriculés.

<table>
<tr><td>

(1)

DÉPARTEMENT

d (1)

</td><td>

ANNÉE 19

BUDGET DÉPARTEMENTAL

SERVICE DES ENFANTS ASSISTÉS

</td><td>

MODÈLE N° 28.

INSTRUCTION
du 15 juin 1909, § 29.

Format tellière.

</td></tr>
</table>

FRAIS

DE RECOUVREMENT ET DE GESTION DES DENIERS PUPILLAIRES

(Loi du 27 juin 1904, art. 43 et 46-10°)

*ÉTAT RÉCAPITULATIF des indemnités acquises aux percepteurs du département d
pour leur participation au service des Deniers pupillaires pendant l'année 19*

NUMÉROS D'ORDRE	PERCEPTIONS	NOMS des PERCEPTEURS	RECOUVREMENTS EFFECTUÉS	DÉCOMPTE DES INDEMNITÉS à raison de 0 fr. 50 p. 100 du montant des recouvrements.	RESTES à PAYER	OBSERVATIONS
1	2	3	4	5	6	7
TOTAUX				(5)	(2)	

Vu :

A , le 19

Le Trésorier payeur général (4)
ou *Le receveur de l'Assistance publique,*

Vu et présenté :

L'Inspecteur de l'Assistance publique,

Certifié par le Trésorier payeur général, soussigné,

A , le 19

Arrêté le présent compte à la somme
de

A , le 19

Le Préfet,

<table>
<tr><td>(I)

Chiffre numérique
du département.

————

DÉPARTEMENT
d (1)</td><td>ANNÉE 19

————

BUDGET DÉPARTEMENTAL

————

SERVICE DES ENFANTS ASSISTÉS</td><td>MODÈLE N° 29.

————

INSTRUCTION
du 15 juin 1909, § 29.

————

Format in-quarto d'écu.

————

Numéro d'ordre
de l'état récapitulatif.</td></tr>
</table>

FRAIS

DE RECOUVREMENT ET DE GESTION DES DENIERS PUPILLAIRES

(Loi du 27 juin 1904, art. 43 et 46-10°.)

Décompte des indemnités acquises à M. (2)
percepteur d
département d   (arrondissement d
) , à raison des recouvrements qu'il a effectués pendant
la période du   au   19   , pour le compte
des pupilles du département d (1)

(Arrêté ministériel du 29 mai 1909.)

Les recouvrements pendant la période ci-dessus se sont élevés à

L'indemnité, à raison de 0 fr. 50 pour 100 du montant de ces recouvrements est en conséquence
de (4)

Certifié exact :   A   ,le   19

A   , le   19   Le Percepteur (3),

Le Receveur des Finances,

Pour acquit de la somme de (4)   décomptée ci-dessus.

A   , le   19

Le Percepteur (2),

(1) Département dans lequel les pupilles sont immatriculés.
(2) Le percepteur auquel l'indemnité est acquise.
(3) Le décompte est établi par le percepteur en fonctions au 31 décembre.

ANNÉE 19

MODELE N° 30.

COMPTABILITÉ DES DENIERS PUPILLAIRES

INSTRUCTION
du 15 juin 1909.

Format écu.

N°   du Compte.

Ce bordereau doit former chemise et être imprimé sur papier vert.

RECETTE

Deniers pupillaires (Art. 1, 2 et 3).

BORDEREAU RÉCAPITULATIF

NUMÉROS D'ORDRE	NUMÉROS DES TITRES de recettes.	MONTANT DES TITRES DE RECETTES			RECETTES-EFFECTUÉES			NOMBRE DE PIÈCES jointes à chaque titre.	OBSERVATIONS
		Art. 1.	Art. 2.	Art. 3.	Art. 1.	Art. 2.	Art. 3.		
1	2	3	4	5	6	7	8	9	10
Créances reportées de la gestion précédente......									
TOTAUX.									

ANNÉE 19

MODÈLE Nº 31.

INSTRUCTION
du 15 juin 1909.

COMPTABILITÉ DES DENIERS PUPILLAIRES

Format écu.

Ce bordereau doit former chemise et être imprimé sur papier vert.

Nº   du Compte.

RECETTE

(1) ....

BORDEREAU RÉCAPITULATIF

NUMEROS D'ORDRE	NUMÉROS DES TITRES de recettes.	MONTANT DES TITRES de recettes.	RECETTES EFFECTUÉES	NOMBRE DE PIÈCES jointes à chaque titre.	OBSERVATIONS
1	2	3	4	5	6
Créances reportées de la gestion précédente................				»	
TOTAUX....					

(1) « Produits de l'aliénation des biens meubles ou immeubles appartenant aux pupilles ».
ou « Frais divers avancés pour le compte des pupilles du département ».

ANNÉE 19

MODÈLE Nº 32.

INSTRUCTION
du 15 juin 1909.

Format écu.

Ce bordereau doit former chemise et être imprimé sur papier vert.

COMPTABILITÉ DES DENIERS PUPILLAIRES

Nº du Compte.

RECETTE

(1)...

BORDEREAU RÉCAPITULATIF

NUMÉROS D'ORDRE	NATURE DES RECETTES	RECETTES CONSTATÉES	NOMBRE DE PIÈCES jointes.	OBSERVATIONS
1	2	3	4	5
	TOTAUX...........			

ANNÉE 19

MODÈLE N° 33.

COMPTABILITÉ DES DENIERS PUPILLAIRES

INSTRUCTION
du 15 juin 1909.

N°   du Compte.

Format écu.

Ce bordereau doit former chemise et être imprimé sur papier vert.

DÉPENSE

Intitulé du Compte :

BORDEREAU RÉCAPITULATIF

NUMÉROS D'ORDRE	OBJET DES DÉPENSES	MONTANT DES DÉPENSES	NOMBRE DE PIÈCES jointes.	OBSERVATIONS
1	2	3	4	5
	TOTAUX............			

LOI

DU 27 JUIN 1904

SUR

LE SERVICE DES ENFANTS ASSISTÉS

Le Sénat et la Chambre des députés ont adopté,
Le Président de la République promulgue la loi dont la teneur suit :

TITRE PREMIER

Définitions.

Article premier. — Sont qualifiés enfants, pour l'exécution de la présente loi, les mineurs de l'un et de l'autre sexe, placés sous la protection ou sous la tutelle de l'Assistance publique.

Art. 2. — Le service des enfants assistés comprend :

1° les enfants dits secourus et en dépôt, qui sont sous la protection de l'autorité publique ;

2° les enfants en garde, qui sont également sous la protection de l'autorité publique ;

3° les enfants trouvés, les enfants abandonnés, les orphelins pauvres, les enfants maltraités, délaissés ou moralement abandonnés ; ces enfants sont placés sous la tutelle de l'autorité publique et dits pupilles de l'assistance.

Art. 3 (Texte actuel). — Est dit enfant secouru :

L'enfant que le père, la mère ou les ascendants ne peuvent pas nourrir ni élever faute de ressources, et pour lequel est accordé le secours temporaire institué en vue de prévenir l'abandon (Loi du 22 avril 1905, art. 44).

Art. 4. — Est dit enfant en dépôt :

L'enfant qui, laissé sans protection ni moyens d'existence, par suite de l'hospitalisation ou la détention de ses père, mère ou ascendants, est recueilli temporairement dans le service des enfants assistés.

Art. 5. — Est dit enfant en garde : l'enfant dont la garde a été confiée, par les tribunaux, à l'assistance publique, en exécution des articles 4 et 5 de la loi du 19 avril 1898.

Art. 3 (Texte ancien). — Est dit enfant secouru :

L'enfant que sa mère ne peut pas nourrir ni élever, faute de ressources, et pour lequel est accordé le secours temporaire, institué en vue de prévenir son abandon.

Art. 6. — Est dit pupille de l'assistance :

1° l'enfant qui, né de père et mère inconnus, a été trouvé dans un lieu quelconque ou porté dans un établissement dépositaire (enfant trouvé) ;

2° l'enfant qui, né de père ou de mère connus, en est délaissé sans qu'on puisse recourir à eux ou à leurs ascendants (enfant abandonné);

3° l'enfant qui, n'ayant ni père, ni mère ni ascendants auxquels on puisse recourir, n'a aucun moyen d'existence (orphelin pauvre);

4° l'enfant dont les parents ont été déclarés déchus de la puissance paternelle, en vertu du titre Ier de la loi du 24 juillet 1889 (enfant maltraité, enfant délaissé ou moralement abandonné);

5° l'enfant admis dans le service des enfants assistés, en vertu du titre II de la loi du 24 juillet 1889.

TITRE II

Enfants secourus.

Art. 7 (Texte actuel). — Dans les conditions prévues à l'article 3 ci-dessus, un secours est accordé pour permettre que l'enfant soit gardé et nourri ou placé en nourrice.

Le secours peut être mandaté au nom de la nourrice.

Le mode, la quotité, la périodicité et la durée du secours sont réglés par le conseil général.

Le secours est réduit, suspendu ou supprimé si le père, la mère ou les ascendants cessent d'être indigents ou s'ils cessent de donner ou de faire donner les soins nécessaires à l'enfant. Il peut être maintenu lors même que le père, la mère ou les ascendants n'habitent plus le département.

En ce cas de légitimation de l'enfant secouru, une prime peut être accordée, dont le montant est réglé par le conseil général. En ce cas le secours temporaire est continué, s'il y a lieu (Loi du 22 avril 1905, article 44.)

TITRE III

Pupilles de l'Assistance.

PREMIÈRE SECTION

Mode d'admission.

Art. 8. — Dans chaque département, le préfet désigne, après avis conforme du Conseil général, l'établissement ou les établissements où peuvent être présentés les enfants dont l'admission en qualité de pupilles de l'assistance est demandée.

La présentation a lieu dans un local ouvert le jour et la nuit et sans autre témoin que la personne préposée au service d'admission.

L'admission peut avoir lieu sur demande écrite adressée au préfet.

Art. 7 (Texte ancien). — Dans les conditions prévues à l'article 3 de la présente loi, un secours est accordé pour permettre à la mère pauvre de garder et nourrir son enfant ou de le placer en nourrice.

Art. 9. — La personne qui est de service déclare à celle qui présente l'enfant que la mère, si elle garde l'enfant, peut recevoir les secours prévus à l'article 7, et, notamment, un secours de premier besoin, qui est alloué immédiatement. Elle signale les conséquences de l'abandon, telles qu'elles résultent de l'article 22.

Si l'enfant paraît âgé de moins de sept mois et si la personne qui le présente refuse de faire connaître le nom, le lieu de la naissance, la date de la naissance de l'enfant, ou de fournir l'une de ces trois indications, acte est pris de ce refus et l'admission est prononcée. Dans ce cas, aucune enquête administrative ne sera faite.

En dehors de ce cas, lorsque les secours n'ont pas été acceptés, la personne préposée aux admissions transmet immédiatement au préfet, avec son avis, les pièces et les renseignements produits à l'appui de la demande; toutefois, elle peut recueillir provisoirement l'enfant, si elle juge qu'il appartient à l'une des catégories définies par le 3° de l'article 2 ou par les 2° et 3° de l'article 6 et qu'on ne saurait attendre, sans péril pour lui, la décision du préfet.

Art. 10. — Dans les établissements dépositaires, les personnes préposées aux admissions sont nommées par le préfet, sur la proposition de l'inspecteur départemental. Lorsque l'établissement est un hospice, ces personnes doivent être, au préalable, agréées par la commission administrative.

SECTION II

Tutelle.

Art. 11. — La protection des enfants de toute catégorie et la tutelle des pupilles de l'assistance publique, instituées par la présente loi, sont exercées par le préfet ou par son délégué, l'inspecteur départemental.

Elles sont exercées, dans le département de la Seine, par le directeur de l'administration générale de l'Assistance publique de Paris.

Art. 12. — Le tuteur est assisté d'un conseil de famille, formé par une commission de sept membres, élus par le conseil général et renouvelés tous les quatre ans.

Le tuteur ou son délégué assiste aux séances du conseil : il est entendu quand il le demande.

Art. 13 (Texte actuel). — Les attributions du tuteur et du conseil de famille sont celles que détermine le code civil, réserve faite toutefois des fonctions conférées au trésorier payeur général et au receveur de l'Assistance publique à Paris, en ce qui concerne la gestion des deniers pupillaires.

Ces attributions comprennent, notamment, le droit de donner ou de refuser le consentement au mariage, à l'émancipation, à l'engagement militaire.

Il n'est pas institué de subrogé-tuteur.

Art. 13 (Texte ancien). — Les attributions du tuteur et du conseil de famille sont celles que détermine le code civil; elles comprennent, notamment, le droit de donner ou de refuser le consentement au mariage, à l'émancipation, à l'engagement militaire; toutefois, il n'est pas institué de subrogé-tuteur.

Dans le cas d'émancipation, le tuteur ou son délégué est seul tenu de comparaître devant le juge de paix.

L'acte d'émancipation est délivré sans frais.

Dans les cas d'émancipation, le tuteur ou son délégué est seul tenu de comparaître devant le juge de paix.

L'acte d'émancipation est délivré sans frais. (Loi du 18 décembre 1906.)

Art. 14 (Texte actuel). — Les biens des tuteurs ne sont pas soumis à l'hypothèque légale instituée par l'article 2121 du code civil.

La gestion des deniers pupillaires est garantie par le cautionnement du comptable.

En cas d'émancipation, le conseil de famille charge l'un de ses membres des fonctions de curateur. (Loi du 18 décembre 1906.)

Art. 15 (Texte actuel). — La gestion des deniers pupillaires est confiée au trésorier payeur général. Elle est dévolue dans le département de la Seine au receveur de l'Assistance publique de Paris.

Les sommes dues aux pupilles, à titre de rémunération du travail, se recouvrent sur des états dressés par l'inspecteur départemental et rendus exécutoires par le préfet. Les oppositions, lorsque la matière est de la compétence des tribunaux ordinaires, sont jugées comme affaires sommaires. Les poursuites ont lieu comme en matière de contributions directes.

Les règles prévues au paragraphe précédent ne sont pas applicables aux autres créances des pupilles.

Les fonds sont placés soit à la caisse nationale d'épargne, soit aux caisses d'épargne ordinaires, soit en rentes sur l'État.

Le tuteur peut autoriser, au profit du pupille, le retrait de tout ou partie des fonds appartenant à ce dernier.

Le conseil de famille pourra décider au moment de la sortie d'un pupille du service des enfants assistés qu'une partie ne dépassant pas le cinquième du pécule lui appartenant sera versé à la caisse nationale des retraites, en vue de lui constituer une pension de retraite. (Loi du 18 décembre 1906.)

Art. 16. — Les revenus des biens et capitaux appartenant au pupille, à l'exception de ceux provenant de son travail et de ses économies, sont perçus au profit du département jusqu'à l'âge de dix-huit ans, à titre d'indemnité des frais d'entretien. Toutefois, sur l'avis du conseil de famille, le préfet peut faire à cet égard, au moment de la reddition des comptes, toute remise qu'il jugera équitable.

Les comptes de tutelle sont approuvés par le conseil de famille et rendus sans frais.

Art. 14 (Texte ancien). — Les biens du tuteur ne sont pas soumis à l'hypothèque légale instituée par l'article 2121 du code civil.

Les intérêts du pupille sont garantis par le cautionnement du fonctionnaire chargé de la manutention des deniers et de la gestion des biens.

En cas d'émancipation, ce dernier remplit les fonctions de curateur.

Art. 15 (Texte ancien). — La manutention des deniers et la gestion des biens des pupilles sont confiées au trésorier payeur général. Elles sont dévolues, dans le département de la Seine, au receveur de l'Assistance publique de Paris. Les fonds sont placés à la caisse nationale d'épargne ou en rentes sur l'État.

Le tuteur peut autoriser, au profit du pupille, le retrait de tout ou partie des fonds appartenant à ce dernier.

Le conseil de famille pourra décider, au moment de la sortie d'un pupille du service des enfants assistés, qu'une partie, ne dépassant pas le cinquième du pécule lui appartenant, sera versée à la caisse nationale des retraites, en vue de lui constituer une pension de retraite.

Art. 17. — L'enfant réclamé par ses parents peut leur être remis si le tuteur estime, après avis du conseil de famille, que la remise est dans l'intérêt de l'enfant L'administration pourra, en outre, autoriser des remises d'essai durant lesquelles sa surveillance continuera à s'exercer pendant un an au moins; à l'expiration de ce délai, la remise deviendra définitive.

Toutefois, pour les enfants maltraités ou moralement abandonnés, cette remise ne pourra être faite, aux parents déchus de la puissance paternelle, qu'après l'accomplissement des formalités prescrites par les articles 15 et 16 de la loi du 24 juillet 1889.

Les parents devront rembourser en une seule fois ou par versements mensuels échelonnés sur une ou plusieurs années, la dépense faite pour l'entretien de leur enfant, à moins que la commission départementale ou, dans le département de la Seine, une délégation du conseil général, ne les exonère en tout ou partie.

Art. 18. — Toute remise de l'enfant à d'autres qu'à ses parents ou grands-parents, même quand il est confié en vue d'une adoption ultérieure, ne peut avoir lieu que sous réserve de la tutelle.

Toutefois, lorsque l'enfant a été confié pendant trois ans à un particulier à titre gratuit, ce dernier, même s'il est âgé de moins de cinquante ans et l'enfant de plus de quinze ans, peut, en obtenant le consentement du conseil de famille, devenir le tuteur officieux de l'enfant.

Le juge de paix du domicile de l'enfant dresse procès-verbal de la demande et du consentement; ces pièces et le procès-verbal sont visés pour timbre et enregistrés gratis.

SECTION III

Placements et surveillance.

Art. 19. — Le préfet peut, après avis conforme du conseil général, déclarer, par arrêté, qu'un établissement dépositaire est installé ou cesse d'être installé dans un hospice.

Un établissement dépositaire peut être installé dans un immeuble possédé ou loué par le département ; l'installation a lieu en vertu d'un arrêté préfectoral, pris sur l'avis conforme du conseil général, après avis du conseil d'hygiène du département.

Les enfants en bas âge sont placés dans une crèche et les autres dans un quartier spécial. Les personnes chargées de surveiller et soigner les enfants ont, seules, accès dans ces locaux.

Art. 20. — Le pupille n'est maintenu dans l'établissement dépositaire que s'il est constaté que son état de santé l'exige ou sur une décision motivée de son tuteur.

Art. 21. — Les pupilles âgés de moins de treize ans sont, sauf exception, confiés à des familles habitant la campagne.

Les frères et les sœurs sont, autant que possible, placés dans la même famille ou, du moins, dans la même commune.

Art. 22. — Le lieu de placement du pupille reste secret, sauf décision du préfet prise dans l'intérêt de l'enfant. La mère et la personne qui ont présenté l'enfant peuvent être renseignées à des époques fixes sur l'existence ou la mort de celui-ci.

Art. 23. — La rétribution de la nourrice à laquelle est confié un pupille comprend un salaire fixe et une allocation éventuelle, dite prime de survie.

Cette prime est acquise lorsque le pupille a quinze mois révolus ; elle est proportionnelle au nombre de mois pendant lesquels la nourrice a gardé l'enfant.

Le nourricier qui a gardé un pupille pendant dix ans au moins, l'a élevé avec soin et envoyé régulièrement à l'école publique, peut recevoir, lorsque l'enfant a 13 ans, une récompense dont la quotité est fixée par le conseil général.

Art. 24. — Un pupille âgé de moins de sept mois ne peut être confié à une nourrice dont le dernier enfant n'a pas sept mois révolus.

Art. 25. — Le nourricier est tenu, à l'égard du pupille, aux obligations auxquelles sont assujettis les parents par la loi du 28 mars 1882 sur l'enseignement primaire.

Art. 26. — La pension est payée au nourricier jusqu'à ce que le pupille ait 13 ans révolus, sauf les cas de prolongation prévus par le conseil général.

Le pupille dont la pension n'est plus payée est mis en apprentissage, de préférence dans les professions agricoles ; il est pourvu d'un trousseau ; un contrat écrit, dispensé du timbre, détermine les conditions du placement ; à moins que l'intérêt de l'enfant ne s'y oppose, le pupille est maintenu chez le nourricier. Une portion du salaire est placée conformément à l'article 15 de la présente loi.

Art. 27. — Tout pupille de l'assistance, tout enfant secouru en conformité de l'article 7 de la présente loi, est l'objet d'une surveillance qu'exercent les inspecteurs et les sous-inspecteurs de l'Assistance publique. Les visites ont lieu à domicile.

Art. 28. — Le pupille isolé, placé dans un département autre que celui auquel il appartient, est surveillé par les fonctionnaires de l'inspection du département où il est placé.

La surveillance peut être instituée dans les mêmes conditions à l'égard des pupilles placés par groupes dans un département autre que celui auquel ils appartiennent ; la décision est concertée entre les deux préfets et soumise au ministre de l'intérieur.

Si l'accord ne s'établit pas ou si le ministre n'approuve pas la mesure, il est pourvu à la surveillance par la nomination d'un ou de plusieurs sous-inspecteurs habitant le département où les pupilles sont placés et agissant sous les ordres de l'inspecteur du département auquel ces enfants appartiennent.

TITRE IV

Administration.

Art. 29. — Le service des enfants assistés est réglé par le conseil général ; il est administré par le préfet et, sous l'autorité du préfet, par l'inspecteur départemental de l'Assistance publique. Dans le département de la Seine, il est administré, sous l'autorité du préfet, par le directeur de l'Assistance publique.

Art. 30. — Le personnel de l'inspection départementale de l'Assistance publique se compose d'un inspecteur, d'un ou de plusieurs sous-inspecteurs, d'un ou de plusieurs commis d'inspection. Il est nommé par le ministre de l'intérieur sur une liste de candidats ayant satisfait aux conditions qui seront déterminées par un règlement d'administration publique, rendu après avis du conseil supérieur de l'Assistance publique. Le cadre du personnel est fixé par un décret rendu dans la même forme.

Le conseil général peut, dans le cas où il le juge utile, créer un ou plusieurs emplois de visiteuse d'enfants.

Art. 31. — Le préfet soumet au conseil général les prévisions des recettes et les crédits du service ; il exécute, liquide et ordonnance les dépenses. Le trésorier payeur général en assure le paiement.

Toutes les opérations de recettes et de dépenses du service sont comprises dans le compte administratif du préfet et dans le compte de gestion du trésorier payeur général.

Sur la proposition de l'inspecteur départemental, le préfet accorde et supprime les secours temporaires, prononce les admissions, décide les placements, nomme et révoque les agents du service, payés sur les fonds du département.

Art. 32. — L'inspecteur départemental recrute les nourrices, nourriciers et patrons, procure la distribution des layettes et vêtures, prépare les contrats de placement ou d'apprentissage et, d'une manière générale, propose au préfet les mesures que commandent la protection et la tutelle instituées par la présente loi.

Il peut déplacer un pupille en cas d'urgence, à la charge d'en référer immédiatement au préfet.

Chaque année, il adresse au préfet, qui le soumet au conseil général, un rapport sur le service. Ce rapport est suivi des comptes de l'exercice clos et des propositions pour le budget de l'année suivante.

Art. 33. — Une commission nommée par le conseil général et se réunissant périodiquement, ou, à son défaut, la commission départementale reçoit communication des décisions intéressant le service, prises depuis sa dernière séance.

Elle donne son avis au préfet sur les questions qu'il lui soumet ou qu'elle croit devoir lui signaler.

Elle présente tous les ans, au conseil général, un rapport sur le service.

L'inspecteur départemental peut être appelé, par la commission, à assister aux séances avec voie consultative.

Art. 34. — Le préfet transmet, tous les ans, au ministre de l'intérieur, avec ses observations, le rapport annuel de la commission instituée au précédent article, le rapport annuel de l'inspecteur, les délibérations du conseil général sur le service. Ces documents sont communiqués au conseil supérieur de l'assistance publique.

Art. 35. — Le directeur de l'Assistance publique à Paris exerce les attributions qui lui sont conférées par l'article 11 de la présente loi, au moyen d'agents que le préfet de la Seine nomme sur la proposition du directeur. Chaque agent réside dans la circonscription où sont placés les pupilles dont la surveillance lui est confiée.

Le préfet de la Seine contrôle le service des agents susvisés, au moyen d'inspecteurs que nomme le ministre de l'intérieur.

Il communique, chaque année, au conseil général le rapport par lequel le directeur de l'Assistance publique à Paris lui rend le compte moral et administratif de sa gestion et lui soumet ses propositions budgétaires.

Art. 36. — L'article 378 du code pénal, relatif au secret professionnel, est applicable à toute personne engagée dans le service des enfants assistés.

En aucun cas, les dossiers concernant les enfants assistés ne sont distraits du bureau de l'inspecteur, si ce n'est pour être remis au préfet.

Dans tous les cas où la loi ou des règlements exigent la production de l'acte de naissance, il pourra y être suppléé, si le préfet estime qu'il y a lieu d'observer le secret, par un certificat d'origine dressé par l'inspecteur et visé par le préfet.

Art. 37. — Le contrôle du service s'effectue par les inspecteurs généraux des services administratifs du ministère de l'intérieur et par les inspectrices générales des services de l'enfance.

TITRE V

Dépenses.

Art. 38. — Le père, la mère et les ascendants d'un pupille de l'assistance publique ou d'un enfant dont l'administration a la garde restent tenus, envers lui, de la dette alimentaire. Toute stipulation contraire est nulle.

Art. 39. — Les enfants désignés dans le paragraphe premier de l'article 6 (enfants trouvés) et les enfants admis en exécution du paragraphe 2 de l'article 9 (à bureau secret) ont leur domicile de secours dans le département où ils ont été portés à un établissement dépositaire.

Les enfants désignés dans l'article 3 (enfants secourus) ont leur domicile de secours dans le département où ils sont nés.

Les enfants désignés dans l'article 4 (enfants en dépôt), dans l'article 5 (enfants en garde) et dans les paragraphes 2, 3, 4 et 5 de l'article 6 (enfants abandonnés, orphelins pauvres, enfants délaissés, maltraités ou moralement abandonnés) ont leur domicile de secours dans le département où ils sont recueillis.

Les dépenses occasionnées par des enfants n'ayant leur domicile de secours dans aucun département sont remboursées par l'État.

Art. 40. — Les contestations relatives au domicile de secours et à l'admission des pupilles sont jugées par le ministre de l'intérieur, sauf recours au conseil d'État.

La décision du ministre porte liquidation des frais. Après l'expiration du délai de recours, ces frais constituent, pour le département, une dépense obligatoire susceptible d'être inscrite, à titre de dette exigible, dans son budget, conformément à l'article 61 de la loi du 10 août 1871, modifié par la loi du 29 juin 1899.

Est non recevable toute réclamation adressée au ministre plus de deux ans après l'admission de l'enfant à l'assistance départementale.

Art. 41. — Les biens du pupille décédé, lorsque aucun héritier ne se présentera, seront recueillis par le département et consacrés, conformément aux dispositions de l'article 51 de la présente loi, à la création de dots de mariage en faveur de pupilles ou d'anciens pupilles des deux sexes.

Art. 42. — Les héritiers qui se présentent pour recueillir la succession d'un pupille sont tenus d'indemniser le département de l'entretien de l'enfant. Les revenus perçus par le département entrent en compensation jusqu'à due concurrence.

Art. 43. — Les recettes et les dépenses du service font l'objet d'articles spéciaux dans le budget de chaque département; elles sont votées, annuellement, par le conseil général.

Art. 44. — Les dépenses se divisent en dépenses du service et dépenses d'inspection et de surveillance.

Art. 45. — Les dépenses du service, déduction faite des frais occasionnés par des pupilles sans domicile de secours, lesquels sont intégralement à la charge de l'État, ainsi que des recettes provenant du remboursement des départements ou des familles, du produit des amendes de police correctionnelle, du produit et des revenus des dons et legs applicables au service, sont payés pour deux cinquièmes par le département, pour deux cinquièmes par l'État, pour un cinquième par les communes.

Art. 46. — Les dépenses du service comprennent:

1° le salaire des personnes préposées aux admissions;

2° les secours temporaires accordés en conformité de l'article 7 de la présente loi;

3° les frais de séjour des enfants dans les établissements dépositaires, dans les écoles professionnelles prévues pour l'éducation séparée des pupilles vicieux ou difficiles et, s'il y a lieu, les frais de location des immeubles affectés au service;

4° les dépenses de nourrices sédentaires;

5° les prix de pensions et les allocations réglementaires ou exceptionnelles concernant les pupilles confiés à des familles ou placés dans des établissements autres que les établissements dépositaires, les primes aux nourrices et aux nourriciers, les fournitures scolaires, les cotisations des enfants assistés âgés de moins de treize ans et affiliés aux mutualités scolaires;

6° les frais des layettes et des vêtures;

7° les frais de déplacement soit des pupilles, soit des nourrices, et, au besoin, les frais relatifs à l'engagement des nourrices;

8° les registres, les imprimés et les signes de reconnaissance;

9° les frais d'assistance médicale et d'inhumation des pupilles;

10° les frais de recouvrement et de gestion des deniers pupillaires;

11° les remboursements aux départements étrangers;

12° les frais résultant de l'exécution de jugements rendus en vertu de la loi du 24 juillet 1889, de production de pièces en vue de mariages ou émancipations de pupilles.

Art. 47. — Les prix de journée, dans un établissement dépositaire dépendant d'un hospice, sont fixés tous les cinq ans, par le conseil général, sur la proposition de la commission administrative.

En cas de réclamation de la commission, ils sont fixés, par un arrêté du ministre de l'intérieur; la réclamation est formée dans les trois mois qui suivent la notification de la décision du conseil général.

Dans le cas où il y aurait lieu de procéder, pendant le délai de cinq ans, à une revision des prix de journée, le conseil général en décidera sur la proposition du préfet ou sur celle de la commission administrative.

En cas de réclamation, il sera statué par arrêté du ministre de l'intérieur, dans les conditions et délais du deuxième paragraphe du présent article.

Art. 48. — Les dépenses d'inspection et de surveillance sont à la charge de l'État; elles comprennent les traitements et les indemnités de tournées et de déplacement du personnel et, généralement, les frais occasionnés par la surveillance du service.

Art. 49. — Les recettes du service comprennent :

1° la subvention et les remboursements de l'État;

2° la contribution du département;

3° le contingent des communes, obligatoire pour elles dans les conditions réglées par l'article 136 de la loi du 5 avril 1884 ;

4° les remboursements des départements ou des familles ;

5° le produit des amendes de police correctionnelle, conformément aux lois;

6° le revenu des biens et capitaux visés par l'article 16 de la présente loi.

7° le produit des successions recueillies en conformité de l'article 41 de la présente loi ;

8° le produit et les revenus des dons et legs faits, pour ce service, aux départements, ainsi que le revenu des fondations, antérieurement constituées, en faveur du même service, au profit des hospices et dont ceux-ci ont l'administration ;

9° le produit de l'exploitation des établissements départementaux affectés au service des enfants assistés et moralement abandonnés.

Art. 50. — Les revenus des dons et legs faits aux départements, pour le service des enfants assistés, devront conserver, expressément, l'affectation spéciale prescrite par les actes constitutifs de la libéralité. Le conseil général ne pourra les employer à l'ensemble des services départementaux.

Art. 51. — Les recettes prévues aux paragraphes 7 et 8 de l'article 49 sont employées, sous réserve des affectations spéciales imposées par les bienfaiteurs, à la création de dots de mariage en faveur de pupilles ou d'anciens pupilles des deux sexes ; ces dots sont attribuées par la commission départementale, sur la proposition du préfet.

Art. 52. — Les secours, pensions et indemnités sont incessibles et insaisissables.

Art. 53. — Les décomptes des mois de nourrice et pensions sont exempts du timbre et d'enregistrement.

Art. 54. — Les certificats, significations, jugements, contrats, quittances et autres actes faits en vertu de la présente loi et des lois du 24 juillet 1889 et du 19 avril 1898, et exclusivement relatifs au service des enfants assistés sont dispensés du timbre et enregistrés gratis lorsqu'il y a lieu à la formalité de l'enregistrement, sans préjudice du bénéfice de la loi du 10 juillet 1901 sur l'assistance judiciaire.

Art. 55. — Un tableau annexé à la loi de finances détermine, par zone, les tarifs minima des secours temporaires, des salaires de nourrices, des primes de survie et des prix de pensions; ce tableau est dressé après enquête et avis des conseils généraux; il est revisé tous les cinq ans.

Les dépenses ayant pour objet l'application de ces tarifs minima, la fourniture des layettes aux pupilles, la fourniture des vêtures aux pupilles âgés de moins de treize ans, les frais d'assistance médicale, constituent, pour le département, des dépenses obligatoires.

Art. 56. — Si un conseil général omet ou refuse d'inscrire au budget les crédits suffisants pour l'acquittement des dépenses obligatoires du service qui sont à sa charge, les crédits nécessaires sont inscrits, d'office, au budget par un décret rendu dans la forme des règlements d'administration publique et inséré au *Bulletin des lois*.

Il est pourvu au payement des dépenses inscrites d'office, au moyen de prélèvements effectués, soit sur les excédents de recettes, soit sur le crédit pour dépenses imprévues et, à défaut, au moyen d'une contribution spéciale portant sur les quatre contributions directes et établie par le décret d'inscription d'office, si elle est dans les limites du maximum fixé annuellement par la loi de finances, ou, par une loi, si elle doit excéder le maximum.

Dispositions générales.

Art. 57. — Une statistique de la mortalité des enfants assistés sera publiée, chaque année, par le ministère de l'intérieur.

En outre, tous les cinq ans, celui-ci présentera au Président de la République un rapport détaillé, exposant, à tous les points de vue, la situation du service des enfants assistés. Ce rapport sera inséré au *Journal officiel*.

Art. 58. — Dans l'année qui suivra la promulgation de la présente loi, chaque préfet préparera, pour en assurer l'exécution, un règlement qui sera délibéré par le conseil général et transmis, avec ses observations, au ministre de l'intérieur.

Art. 59. — Des décrets délibérés en conseil d'État déterminent les règles à suivre pour le recouvrement, la manutention et la gestion des deniers pupillaires.

Art. 60. — Sont abrogés la loi du 15 pluviôse an XIII, le décret du 19 janvier 1811, la loi du 5 mai 1869, et, généralement, toutes les dispositions contraires à la présente loi.

Art. 61. — Un décret déterminera dans quelle mesure et dans quelles conditions les dispositions de la présente loi pourront être appliquées à l'Algérie.

La présente loi, délibérée et adoptée par le Sénat et par la Chambre des députés, sera exécutée comme loi de l'État.

Fait à Paris, le 27 juin 1904.

ÉMILE LOUBET

Par le Président de la République:

· *Le président du Conseil,*
Ministre de l'Intérieur et des Cultes,

E. Combes.

DÉCRET DU 19 MAI 1909

PORTANT RÈGLEMENT D'ADMINISTRATION PUBLIQUE

SUR LA

GESTION DES DENIERS DES PUPILLES DE L'ASSISTANCE PUBLIQUE

publié au *Journal officiel* du 26 mai 1909.

LE PRÉSIDENT DE LA RÉPUBLIQUE FRANÇAISE,

Sur le rapport du Ministre de l'Intérieur et du Ministre des Finances;

Vu l'avis du Ministre du Travail et de la Prévoyance Sociale;

Vu l'article 59 de la loi du 27 juin 1904 sur le service des enfants assistés, ainsi conçu: « des décrets délibérés en Conseil d'État détermineront les règles à suivre pour le recouvrement, la manutention et la gestion des deniers pupillaires »;

Vu la loi du 27 juin 1904 modifiée par la loi du 18 décembre 1906;

Vu les lois des 9 avril 1881 et 20 juillet 1895 sur les caisses d'épargne;

Vu la loi du 10 janvier 1849 sur l'organisation de l'Assistance publique, à Paris;

Vu les articles 450 et suivants du Code civil; et la loi du 27 février 1880;

Le Conseil d'État entendu,

DÉCRÈTE:

TITRE I. — DISPOSITIONS GÉNÉRALES

ARTICLE PREMIER. — Les diverses opérations relatives à la gestion des deniers des pupilles de l'Assistance publique sont, dans les écritures du comptable départemental, sous le titre de *deniers pupillaires*, l'objet de comptes hors budget présentant distinctement:

1º les sommes trouvées sur les pupilles ou remises en leur nom au moment de l'abandon ou qui leur adviennent au cours de leur minorité;

2º la partie du salaire des pupilles qui ne reçoit pas l'affectation prévue par l'article 8, 1º et 2º du présent décret;

3º les revenus de tous les biens meubles et immeubles appartenant aux pupilles, à partir du jour où ils ont atteint l'âge de 18 ans et sans condition d'âge les revenus des biens et capitaux provenant de leur travail et de leurs économies.

ART. 2. — Le trésorier payeur général a la garde des titres, valeurs et bijoux trouvés sur les pupilles ou remis en leur nom au moment de l'abandon et de ceux qui leur adviennent au cours de leur minorité. Un état descriptif en est joint à son compte annuel.

ART. 3. — Les comptables subordonnés du trésorier payeur général, à savoir les receveurs particuliers des finances et les percepteurs des contributions directes, participent, sous la direction et la responsabilité du trésorier payeur général aux opérations concernant le service des deniers pupillaires.

ART. 4. — La constatation des recettes et la liquidation des dépenses susceptibles de figurer dans les comptes « deniers pupillaires » appartiennent au préfet.

Art. 5. — Le jour de l'entrée de l'enfant dans le service, il est dressé par la personne qui a procédé à l'admission, autant que possible contradictoirement avec la personne qui a présenté l'enfant, un procès-verbal contenant l'inventaire des sommes, titres, valeurs et objets qui ont été trouvés sur l'enfant ou remis en son nom.

Dans les quinze jours qui suivent l'entrée de l'enfant dans le service, le préfet assure la transmission au trésorier payeur général, des sommes, titres de créance, valeurs et bijoux trouvés sur l'enfant ou remis en son nom. Il y est joint une expédition du procès-verbal prévu au paragraphe précédent.

Les sommes ainsi versées au trésorier payeur général sont employées par lui conformément à l'article 6.

Art. 6. — Dans les quinze jours qui suivent le versement à sa caisse, le trésorier payeur général verse à une caisse d'épargne, au nom de chaque enfant, toute recette effectuée pour le compte de cet enfant. Il a sous sa garde les livrets de caisse d'épargne délivrés au nom des enfants; il ne peut s'en dessaisir qu'après la cessation de la tutelle et dans les conditions fixées au titre V du présent décret.

TITRE II. — CONSTATATION DES DROITS DES PUPILLES

Art. 7. — Le trésorier payeur général reçoit du préfet une expédition en forme de tous les actes concernant les revenus dont la perception lui est confiée.

Art. 8. — Les contrats relatifs au placement des enfants assistés sont préparés par l'inspecteur et passés par le préfet.

Ces contrats doivent déterminer :

1° une somme affectée, en tout ou partie, à la vêture de l'enfant;

2° une somme forfaitaire destinée aux menues dépenses et à l'argent de poche ;

3° une somme minimum à verser au compte des deniers pupillaires.

A défaut de mention dans le contrat, cette triple répartition est arrêtée par décision préfectorale et notifiée au patron de l'enfant.

Une expédition en forme soit de ces contrats, soit des arrêtés préfectoraux est transmise au trésorier payeur général à l'appui de l'état de recouvrement.

Art. 9. — Pour toutes les recettes qui doivent être effectuées au profit d'enfants assistés en dehors de celles mentionnées au paragraphe 2, 3° de l'article précédent, le préfet dresse un titre et le transmet au trésorier payeur général en y joignant, si elle n'a déjà été fournie, une expédition certifiée conforme des actes en vertu desquels sont constatés les droits de l'enfant.

Cette expédition est jointe au titre de recettes.

Art. 10. — Il est dressé, dans les cinq premiers jours de chaque mois, par arrêté préfectoral, un état de liquidation des sommes dues aux enfants à titre de rémunération du travail et qui étaient payables au cours du mois précédent. Cet état contient les noms des enfants et des patrons, le montant net des gages à verser au compte des deniers pupillaires.

Cet état, rendu exécutoire, est ensuite transmis au trésorier payeur général pour servir de titre de recettes.

Art. 11. — Un bulletin individuel, indiquant la somme à verser pour chaque enfant, est envoyé aux débiteurs dans un délai de dix jours à partir de la transmission du titre exécutoire au trésorier payeur général.

Art. 12. — Le préfet et le trésorier payeur général tiennent chacun un registre dans lequel il est ouvert au nom de chaque enfant un compte particulier en recettes et en dépenses.

Un relevé du dit compte est remis annuellement au pupille par les soins du préfet.

Titre III. — Recouvrement des créances pupillaires

Art. 13. — Le trésorier payeur général est tenu de faire, sous sa responsabilité personnelle et sous la surveillance du préfet agissant en qualité de tuteur, toutes les diligences pour assurer le recouvrement du produit du travail des pupilles, la perception des revenus des immeubles, des intérêts et arrérages des rentes, valeurs mobilières et autres créances leur appartenant ; de faire, contre les débiteurs en retard de payer et à la requête du préfet agissant, s'il y a lieu, en vertu des délibérations du conseil de famille, les exploits, significations, poursuites et commandements nécessaires ; d'avertir le préfet de l'expiration des baux ; d'empêcher les prescriptions ; de veiller à la conservation des domaines, droits, privilèges et hypothèques appartenant aux pupilles et de requérir la transcription et l'inscription hypothécaire des actes et jugements qui en sont susceptibles.

Néanmoins, quand il est nécessaire d'exercer des poursuites pour des créances autres que celles relatives au produit du travail, le trésorier payeur général doit, avant de les commencer, en référer au préfet qui ne peut y surseoir qu'après une délibération conforme du conseil de famille.

Art. 14. — Les comptables désignés en l'article 3 doivent aviser immédiatement le trésorier payeur général des versements qui seraient faits à leur caisse avant l'émission du titre prévu à l'article 10. Le trésorier payeur général notifie la recette au préfet. Celui-ci émet immédiatement un titre de perception pour justifier cette recette.

Art. 15. — Dans les dix premiers jours des mois d'avril, de juillet et d'octobre le trésorier payeur général fournit au préfet un état des créances restant à recouvrer sur les gages des pupilles.

Art. 16. — Avant le 31 janvier de chaque année, le trérorier payeur général dresse un état des restes à recouvrer sur :

1° les créances relatives au produit du travail des enfants ;

2° les autres créances pupillaires.

Il rend compte et justifie au préfet des circonstances qui se sont opposées à la rentrée des reliquats.

L'état des restes à recouvrer est soumis par le préfet au conseil de famille dans le courant du mois d'avril.

Le conseil, après examen, délibère sur l'admission en non valeurs des créances présentées comme irrécouvrables. Le préfet arrête l'état proposé par le conseil.

Titre IV. — Emploi des deniers pupillaires

Art. 17. — Tous les ans, dans le courant du mois de mars, le trésorier payeur général remet les livrets des enfants aux caisses d'épargne, pour l'inscription des intérêts.

Art. 18. — Le préfet peut autoriser, au profit de l'enfant, le retrait de la caisse d'épargne de tout ou partie des fonds appartenant à ce dernier.

Le préfet prend un arrêté autorisant le retrait. Cet arrêté accompagné d'une autorisation de payer à une personne nommément désignée, est transmis au trésorier payeur général qui est chargé d'en assurer l'exécution.

Art. 19. — Tous les ans, dans le courant du mois de mai, le trésorier payeur général adresse au préfet un état présentant :

1° la situation du compte de chaque pupille ;

2° le montant en principal et en intérêt de chaque livret.

Art. 20. — Dans le cas où, par application du paragraphe 6 de l'article 15 de la loi du 27 juin 1904 modifiée par la loi du 18 décembre 1906, le conseil de famille a décidé qu'un prélèvement sera opéré sur l'actif net du pupille, la somme ainsi fixée est placée au compte du pupille, à la caisse des retraites pour la vieillesse deux mois au moins avant l'expiration de la tutelle.

Ce placement est opéré par le trésorier payeur général sur l'ordre du tuteur et dans les conditions fixées par la délibération du conseil de famille.

Art. 21. — A la date du 31 décembre de chaque année ou à l'époque de la cessation des fonctions du trésorier payeur général, les écritures, les livres de la comptabilité des deniers pupillaires sont arrêtés par le préfet qui doit, en outre, mentionner les titres et valeurs dont le trésorier payeur général reste débiteur en sa qualité de comptable des deniers pupillaires.

Titre V. — Reddition des comptes de tutelle et dévolution des biens des pupilles

Art. 22. — Lorsque prend fin la tutelle organisée par la loi du 27 juin 1904, le compte de tutelle approuvé par le conseil de famille détermine le reliquat en numéraire et les titres et valeurs qui doivent être remis aux ayant-droit par le trésorier payeur général.

Art. 23. — La remise des valeurs et titres est effectuée sur la production d'un arrêté du préfet autorisant cette remise.

Art. 24. — En cas de disparition du pupille, le préfet, après délibération du conseil de famille, prescrit le dépôt à la caisse des dépôts et consignations de tous titres et valeurs appartenant au pupille.

Une expédition du compte de tutelle et une ampliation de l'arrêté préfectoral sont jointes à la déclaration de consignation.

Titre VI. — Remboursement des frais exposés par les comptables pour la gestion des deniers pupillaires

Art. 25. — Les dépenses occasionnées, par l'application du présent décret, aux trésoriers payeurs généraux, au receveur de l'Assistance publique de Paris et aux comptables subordonnés leur sont remboursées dans des conditions qui seront déterminées par un arrêté du Ministre des Finances, après avis du Ministre de l'Intérieur.

Titre VII. — Règles spéciales au département de la Seine

Art. 26. — Les attributions qui, en vertu du présent décret, appartiennent aux trésoriers payeurs généraux et aux préfets des départements sont dévolues respectivement au receveur et au directeur de l'administration générale de l'Assistance publique à Paris en ce qui concerne les enfants assistés appartenant au département de la Seine.

Art. 27. — Les diverses opérations relatives à la gestion des deniers pupillaires sont, dans les écritures du receveur de l'Assistance publique, l'objet d'un compte hors budget qui, sous le titre de « deniers pupillaires », prend place dans le compte de l'administration générale de l'Assistance publique de Paris.

Art. 28. — Les contrats et autres actes relatifs au placement des enfants placés sous la tutelle du directeur de l'Assistance publique de Paris, sont passés pour les enfants placés dans les départements autres que celui de la Seine, par les directeurs d'agence agissant par délégation et sous l'autorité du directeur de l'Assistance publique.

Art. 29. — Le premier de chaque mois, chaque directeur d'agence dresse un état de liquidation des sommes dues aux enfants, conformément à l'article 10 ci-dessus. Cet état visé par le directeur de l'Assistance publique, est rendu exécutoire par le préfet de la Seine.

Avis de l'émission du titre exécutoire est notifié aux débiteurs par les soins des directeurs d'agence.

Art. 30. — Les opérations matérielles de recettes et de dépenses concernant la gestion des biens des enfants assistés de la Seine sont effectuées dans les départements par les trésoriers payeurs généraux pour le compte du receveur de l'Assistance publique.

Titre VIII. — Dispositions transitoires

Art. 31. — La remise des services s'effectuera dans les conditions suivantes:

1° Les titres de propriété immobilière appartenant aux pupilles, accompagnés d'un bordereau descriptif certifié par le receveur de l'hospice dépositaire, seront remis par les administrateurs du dit hospice au préfet.

Le préfet prendra ces titres en charge.

Cette remise aura lieu contradictoirement en présence, d'une part, de la commission administrative et du receveur de l'hospice dépositaire, et, d'autre part, du conseil de famille.

Procès-verbal de cette opération sera dressé.

2° Les livrets délivrés par les caisses d'épargne, le numéraire, les titres et valeurs appartenant aux pupilles seront remis au trésorier payeur général par le receveur de l'hospice dépositaire. A cet effet, le receveur établira, d'après ses écritures, à la date indiquée, une situation fixant le reliquat en numéraire, les titres et valeurs constituant l'avoir des pupilles.

Cette remise aura lieu contradictoirement en présence du préfet et du conseil de famille d'une part, du receveur et de la commission administrative de l'hospice de l'autre.

Procès-verbal de cette opération sera dressé.

Art. 32. — Le présent décret recevra son application dans les six mois qui suivront sa publication, à une date qui sera déterminée par un arrêté pris de concert entre le Ministre de l'Intérieur et le Ministre des Finances.

Art. 33. — Le Ministre de l'Intérieur et le Ministre des Finances sont chargés, chacun en ce qui le concerne, de l'exécution du présent décret qui sera publié au *Journal officiel* et inséré au *Bulletin des lois*.

Fait à Paris le 19 mai 1909.

A. FALLIÈRES.

Par le Président de la République:

Le Ministre de l'Intérieur,   *Le Ministre des Finances,*

G. Clémenceau.   E. Caillaux.

MINISTÈRE
DE L'INTÉRIEUR

DIRECTION
DE L'ASSISTANCE
ET DE
L'HYGIÈNE PUBLIQUES

2ᵉ BUREAU

Service des Enfants assistés.

DENIERS PUPILLAIRES

Arrêté concernant la mise en vigueur du règlement d'administration publique du 19 mai 1909 (1).

RÉPUBLIQUE FRANÇAISE

LE PRÉSIDENT DU CONSEIL, MINISTRE DE L'INTÉRIEUR

ET LE MINISTRE DES FINANCES,

Vu l'article 32 du règlement d'administration publique du 19 mai 1909 ainsi conçu : « Le présent décret recevra son application dans les six mois qui « suivront sa publication, à une date qui sera déterminée par un arrêté pris « de concert entre le Ministre de l'Intérieur et le Ministre des Finances. »

ARRÊTENT :

ARTICLE PREMIER. — Le décret du 19 mai 1909 entrera en vigueur à partir du 1ᵉʳ août 1909.

ART. 2. — Le Conseiller d'État, Directeur général de la Comptabilité publique et le Directeur de l'Assistance et de l'Hygiène publiques sont chargés, chacun en ce qui le concerne de l'exécution du présent arrêté qui sera inséré au *Journal Officiel*.

Fait à Paris, le 29 mai 1909.

Le *Président du Conseil,*
Ministre de l'Intérieur,
G. CLEMENCEAU.

Le Ministre des Finances,
J. CAILLAUX.

(1) Inséré au *Journal Officiel* du 22 juin 1909.

ARRÊTÉ MINISTÉRIEL DU 29 MAI 1909

FIXANT LE MODE DE REMBOURSEMENT

DES FRAIS OCCASIONNÉS AUX COMPTABLES

PAR L'APPLICATION

DU RÈGLEMENT D'ADMINISTRATION PUBLIQUE DU 19 MAI 1909

RELATIF A LA GESTION DES DENIERS PUPILLAIRES

(Inséré au *Journal officiel* du 4 juin 1909).

LE MINISTRE DES FINANCES,

Vu les articles 43 et 46-10ᵉ de la loi du 27 juin 1904 sur le service des enfants assistés ;

Vu l'article 25 du règlement d'administration publique du 19 mai 1909, ainsi conçu : « Les dépenses occasionnées par l'application du présent décret, « aux trésoriers payeurs généraux, au receveur de l'assistance publique de « Paris et aux comptables subordonnés, leur seront remboursées dans des « conditions qui seront déterminées par un arrêté du Ministre des Finances, « après avis du Ministre de l'Intérieur » ;

Vu l'avis du Président du Conseil, Ministre de l'Intérieur, en date du 13 mars 1909,

ARRÊTE :

ARTICLE PREMIER. — Les trésoriers généraux font l'avance du prix d'achat des imprimés nécessaires pour l'exécution de la partie du service des deniers pupillaires qui leur est confiée, et à laquelle participent les comptables subordonnés. Ils sont remboursés de ces avances par le département d'immatriculation des pupilles, soit à la fin de chaque semestre, soit lors de la remise de service en cas de mutation.

ART. 2. — Une allocation forfaitaire leur est en outre attribuée sur le même fonds, à titre de remboursement des frais de personnel occasionnés par le service. Cette allocation, basée sur le nombre de comptes individuels ouverts à la Trésorerie générale au premier janvier de chaque année, ou transitoirement à la date de la remise du service par les receveurs des hospices dépositaires, est fixée ainsi qu'il suit :

1 franc par compte ouvert, pour tout enfant immatriculé dans le département et jusqu'au 1.500ᵉ compte ;

75 centimes du 1.501ᵉ au 2.500ᵉ compte ;

50 centimes au-dessus du 2.500ᵉ compte.

ART. 3. — Les percepteurs reçoivent une indemnité de 0 fr. 50 p. cent sur le montant des recouvrements qu'ils ont effectués pour le compte des pupilles. Cette indemnité est à la charge du département d'immatriculation des pupilles.

ART. 4. — Le Conseiller d'État, Directeur général de la Comptabilité publique, est chargé, en ce qui le concerne, de l'exécution du présent arrêté qui sera inséré au Journal officiel.

Fait à Paris, le 29 mai 1909.

Le Ministre des Finances,

J. CAILLAUX.